August Meitzen

Volkshufe und Königshufe in ihren alten Massverhältnissen

August Meitzen

Volkshufe und Königshufe in ihren alten Massverhältnissen

ISBN/EAN: 9783743404465

Hergestellt in Europa, USA, Kanada, Australien, Japan

Cover: Foto ©ninafisch / pixelio.de

August Meitzen

Volkshufe und Königshufe in ihren alten Massverhältnissen

VOLKSHUFE UND KÖNIGSHUFE

IN

IHREN ALTEN MASSVERHÄLTNISSEN

VON

AUGUST MEITZEN,

Dr. phil., Geheimer Regierungsrath a. D., Professor in Berlin.

TÜBINGEN.
VERLAG DER H. LAUPP'SCHEN BUCHHANDLUNG.
1889.

Dass die Hufe als eine Aktie an dem Gemeinwesen einer Bauerschaft anzusehen sei, erklärt schon Justus Moeser[1]), der erste Begründer der deutschen agrarhistorischen Forschung.

Er entnahm sein Urtheil der unmittelbaren amtlichen Erfahrung und der reichen Geschichtskenntniss, die ihm für seine Heimath zu Gebot standen. Die Einzelhöfe Engerns und Westfalens setzen aber dem Verständniss und der Beweisfähigkeit dieses Satzes grosse Schwierigkeiten entgegen.

Wirkliche wissenschaftliche Erkenntniss seiner Wahrheit ist deshalb von dem Gebiete der alten Dörfer des Volkslandes in Deutschland und Skandinavien ausgegangen. Dieselbe wurde wesentlich durch G. Hanssens agrarhistorische Untersuchungen vermittelt und hat ihren Boden recht eigentlich in Schleswig-Holstein und Dänemark gefunden. Die dafür gewonnenen Grundlagen hängen sehr nahe mit den Verkoppelungen auf diesen Gebieten zusammen. Ihre Entstehung hat mannigfaches Interesse und bedarf näherer Erläuterungen, wenn dabei die Gefahr irriger Vorstellungen und Folgerungen vermieden werden soll.

G. Hanssen hat in seinen Abhandlungen zur Geschichte der Feldsysteme in Deutschland [2]) eingehend dargestellt, dass Verkoppelungen in Schleswig-Holstein bereits im 16. Jahrhundert stattfanden, aber erst seit 1766 ernstlicher begannen. In den drei Jahr-

---

[1]) Stück 20 der Patriotischen Phantasien. 2 Aufl. 1778.
[2]) Agrarhistorische Untersuchungen Bd. I 1880 im Abschn. II zur holsteinischen Koppelwirthschaft S. 352 ff.

zehnten von 1770 bis 1800 gestalteten sie alle Theile Schleswig-Holsteins und Dänemarks so vollständig um, dass heute kaum Spuren der früheren Besiedelungsform zu entdecken sind. Alle diese Landstriche waren bis zur Verkoppelung von geschlossenen Dörfern mit oft recht eng zusammengebauten Gehöften bedeckt, die Aecker lagen in meist ziemlich kleinen Gewannabschnitten unter der grössten Zerstückelung im Gemenge, denn jeder Bauer besass in jedem der zahlreichen Gewanne seinen verhältnissmässigen Antheil. Zwischen den Gewannen aber bestanden ausgedehnte Gemeinweiden, Wiesengründe und Heideländer als Almenden, und jenseits der Gemarkungsgrenzen breiteten sich wenigstens auf der cymbrischen Halbinsel noch weite ungetheilte Marken und fiskalische oder gutsherrliche Forstländereien an Bruch, Wald, Heide und öden Mooren aus. Wer heute die Gegend bereist oder nur die vortreffliche dänische Generalstabskarte im Massstab (von 1:40,000) vergleicht, erkennt davon nichts mehr und kann in die vollkommenste Täuschung versetzt werden. Denn er findet ein Bild des Landes, welches die nächste Aehnlichkeit mit Westfalen hat. Die Dorflagen sind überall lückenhaft geworden, viele erscheinen nur noch als kleine unregelmässige Weiler, dagegen sind zwischen diese Trümmer der alten Ortschaften zahlreiche vereinzelt liegende Höfe so weithin vertheilt, dass schwer erkennbar wird, wo die verschiedenen Ortsgemeinden sich trennen. Dies ist das Ergebniss der bei der Verkoppelung lebhaft angeregten und betriebenen Ausbauten der Gehöfte möglichst vieler Besitzer. Was bei den Zusammenlegungen der neueren Zeit in Norddeutschland sehr schwer erreicht wurde, war damals leicht, weil die Bauern meist noch sehr schlechte Baulichkeiten besassen und dabei in strenger Unterthänigkeit standen. Der Ausbau hat Almend und Markenland mit einbegriffen, und alle alten Gewanne des Ackerbodens sind verschwunden. Jeder Besitzung wurden nach Möglichkeit ihre zugehörigen Grundstücke in nächster Nähe und in abgerundeten Blöcken um die vereinzelten Höfe, wie um die Reste der Dörfer gegeben, und diese neu entstandenen Koppeln sind durch Hecken, Wälle und Gräben umschlossen worden, so dass jede Koppel in Acker, Wiese oder Weide nur einem einzigen Besitzer ausschliesslich gehört. Er vermag seitdem darin eine von jeder Gemeinschaftlichkeit freie Feldgraswirthschaft zu treiben, die als die holsteinische Koppelwirthschaft bekannt ist. Dies ist völlig die Wiederholung der westfälischen Einzelhöfe und Kämpe und der denkbar grösste Gegensatz gegen die aus den frühesten Zeiten des Mittelalters kaum irgend wie verändert hergebrachten Zustände vor diesem energischen Eingreifen der staatlichen Landeskulturgesetzgebung.

Leider sind nur ganz ausnahmsweise noch Karten vorhanden, welche den **früheren Bestand der Feldfluren** vollständig wiedergeben. In der Regel sind von den dänischen Landcommissariaten nur wenige Linien, meist nur die Aussen- und Gewanngrenzen und die Wege und Gräben aufgemessen worden. Danach konnte die hinreichende Berechnung des Flächeninhalts in grossen Blöcken und auch die Bonitirung vorgenommen werden. Für die Theilung forderten die Bauern, wie die Protokolle zeigen, meist völlig gleichen Werth für jede Hufe. Es kam also auf ihren alten Besitzstand nicht weiter an. Vielmehr wurde über etwaige Ausnahmerechte, ebenso wie über den ungefähren Entwurf der neuen Planlage, ein einfacher Vergleich unter den Betheiligten geschlossen. Denselben berücksichtigte der Landcommissar soweit angänglich. Er stellte den Plan auf und liess ihn abstecken und rezessmässig anerkennen. Entstehende Streitigkeiten, soweit sie nicht sofort beseitigt werden konnten, hatten wenig Bedeutung, weil das Amt darüber nach Billigkeit zu entscheiden vermochte.

Die früheren Verhältnisse sind deshalb im Einzelnen nur aus den gedachten Protokollen und aus ausnahmsweise aus älterer Zeit etwa vorhandenen vollständigen Karten des alten Besitzstandes oder Registrirungen desselben zu entnehmen.

Sicher und erkennbar aber ist, dass in Betreff derselben eine nicht unerhebliche Verschiedenheit zwischen dem Hauptgebiete der dänischen Inseln, Jütlands, Schleswigs und des nordwestlichen Holsteins einerseits und dem südöstlichen Holstein andererseits bestand.

Das Hauptgebiet gehörte noch der ursprünglichen Besiedelung des alten Volkslandes an und zeigte überall die volksthümlichen haufenförmigen unregelmässigen enggeschlossenen Dörfer und auf den Feldfluren die zahlreichen kleinen Ackergewanne, in deren jedem die einzelne Hufe selten über 1 Morgen (ca. 32 Ar), oft nur $1/2$ Morgen Antheil hatte.

Das südöstliche Holstein dagegen begannen die Slawen schon im 6. Jahrhundert von der See aus zu besetzen und verbreiteten sich im 7. Jahrhundert auch von der Landseite her aus Mecklenburg so übermächtig, dass sie ganz Wagrien einschliesslich Fehmarn in Besitz nahmen und noch beträchtliche Strecken Landes nördlich der Kieler Bucht, westlich der Swentine und die Grenzgebiete von Stormarn bis gegen Segeberg und Oldesloe besiedeln konnten. Damals haben sie nach den Analogien des ganzen Ostens von der bestehenden deutschen Kultur wenig oder nichts übernommen. Ein grosser Theil der Dörfer auf Fehmarn und in Wagrien ist in der volksthümlichen slawischen Form unzweifelhaft von den Slawen neu angelegt.

Es bestehen noch bis zur Gegenwart deutliche Dorflagen in Fächerform, wie sie bei den Elbslawen vorherrschend waren, und daneben sogar in überwiegender Zahl, ebenso wie dies in der Mark, in Mecklenburg und im Wendlande der Fall ist, die übliche Dorfform der Ostslawen, eine gerade regelmässige Strasse. In diesen bekannten, fast regelmässige Oblongen bildenden Dörfern reihen sich alle Gehöfte in rechtwinkeligen Grenzen ziemlich eng zu beiden Seiten der breiten Dorfstrasse neben einander. An der Strasse liegen die Höfe, dahinter folgen Gärten, und diese werden alle durch einen gleichmässig fortlaufenden Zaun und ausserhalb desselben liegenden Graben und Weg gegen das Feld abgeschlossen. Ihre Flureintheilung war ebenso grundsätzlich von den deutschen Gewanneintheilungen verschieden, wie der Plan ihrer Dörfer. Sie theilten das Land nicht streifenförmig, sondern blockartig in Stücke von sehr verschiedener Grösse, aber mehr geschlossenen Figuren. Diese Ansiedelungsgebiete hatten die Slawen ziemlich ungestört bis in die ersten Decennien des 12. Jahrhunderts inne.

Inzwischen aber entwickelten sich in Deutschland die Anschauungen über die zweckmässigste Art der landwirthschaftlichen Verwendung des Bodens nicht unwesentlich.

Als die Zeit kam, in welcher Heinrich der Löwe, Adolf von Schauenburg und Albrecht der Bär die Eroberung und Colonisirung der rechtselbischen Slawenländer begannen, waren ihren Rathgebern und Unternehmern die Vorzüge und Nachtheile verschiedener Arten der Dorfanlage schon sehr wohl bekannt. Die

Besiedelung der Marschen fand überall nach holländischem Muster statt. Für die Rodungen der Bergwaldungen hatte sich von Mitteldeutschland aus das System der Wald- oder Hagenhufen in charakteristischer Ausbildung verbreitet [1]). Strichweise wurde auch der Versuch durchgeführt, mit den flämischen Zuwanderern zugleich die holländische Marschhufe ohne wesentliche Umgestaltung auf die trockenen Ackerländereien Norddeutschlands zu übertragen. Aber in der Hauptsache stand man aus guten Gründen besserer Verwerthung des vorhandenen Bodens davon ab und wandte eine verbesserte Form der alten volksthümlichen, den deutschen Colonisten von Haus aus bekannten und eingewöhnten Gewanneintheilung an.

Dieses Verfahren ist für Wagrien ebenso wie für den gesammten Osten überall da massgebend geworden, wo bereits slawische Dörfer bestanden und entweder im Besitz der unterworfenen Slawen blieben oder nach deren Vertreibung deutschen Bauern überwiesen wurden. Abgesehen von einigen Resten holländischer Anlagen wurden im ganzen Osten nur die neugerodeten Waldungen des Berg- und Hügellandes, kaum ein Fünftheil der gesammten Ländermasse in der allerdings sehr abweichenden Weise der Hagenhufen besiedelt. Es ist für die gestiegene Einsicht bezeichnend, dass die planlos haufenartig in einander gebauten Dorflagen des ursprünglichen deutschen Volkslandes auf dem neugewonnenen Slawenboden nirgends mehr erscheinen. Erst moderne zufällige Einflüsse haben hier und da wieder so unregelmässige Wohnplätze zusammengedrängt. Die Vortheile der gleichen Grösse und Form und der planmässigen, gut zugänglichen Stellung der Gehöfte in den slawischen Dörfern wurden so sehr anerkannt, dass man diese Dorflagen nicht allein möglichst erhielt und in entsprechender Weise erweiterte, sondern dass der oben gedachte strassenförmige Plan der östlichen Slawen auch bei den Neuanlagen deutscher Dörfer nachgeahmt und zum allgemeinen, auf jeder Generalstabskarte erkennbaren Schema für das gesammte ebene Land wurde.

---

[1]) Siehe Beispiele in: Vict. Jacobi, Forschungen über das Agrarwesen des Altenburger Oberlandes, Leipzig 1845; Illustr. Zeitung. Meitzen, Ausbreitung der Deutschen in Deutschland. Conrad's Jahrbücher f. National-Oekonomie u. Statist. Neue Folge Bd. I, Heft 1. Jena 1879. Auch Codex diplom. siles. Bd. IV, Urkunde schlesischer Dörfer. 1863.

Für die Feldflur aber sind alte slawische Besitzverhältnisse nur in Gegenden erhalten worden, wo wie in Franken und Sachsen die deutsche Besitznahme bereits der Carolinger- und Ottonen-Zeit angehört, oder wo, wie in grossen Strichen Böhmens, Colonisation überhaupt nicht Platz griff. Der Grund war einerseits ein technischer. Die Deutschen gebrauchten zur Ackerarbeit den schweren Räderpflug mit Streichbrett, der das Land in breiter Furche überwarf und nur der Egge bedurfte. Sie forderten deshalb den Acker in gewendelangen parallelen Streifen, bei denen Kürze viel hinderlicher war, als Schmalheit. Die Slawen dagegen ackerten mit einem leichten Haken, der die Ackerkrume nur lockerte, und mit dem sie am zweckmässigsten nicht blos lang, sondern auch querüber fuhren, so dass quadratische Stücke für sie geeigneter waren. Andererseits bestand ein agrarpolitischer Grund. Die Slawen besassen, soweit sie frei waren, Familiengüter. Auf dem in Besitz genommenen Boden lebte die ganze Familie communistisch unter dem patriarchalisch sie leitenden Familienhaupte. Wurden sie für dieses gemeinsame Leben an demselben Heerde zu zahlreich, so theilten sie das Land nach den vom Urgrossvater herkommenden Stämmen. Jeder Stamm bildete dann auf den ihm verhältnissmässig und unter Theilung aller einzelnen Feldstücke zugefallenen Grundstücken eine eigene Familiencommunion, welche völlig selbstständig wurde und im Laufe der Zeit sich eintretenden Falls nach denselben Grundsätzen weiter theilte. Wenigstens wird dies durch die fortbestehenden Sitten der Südslawen bezeugt. Auch findet sich in der Feldlage der noch erhaltenen slawischen Fluren und in dem Umstande die Bestätigung, dass den Slawen ein entsprechender Begriff und eigene Benennung für Hufe unbekannt war. Allgemeine Steuern mussten sie noch in der Colonisationszeit nach dem Kopfe, dem Rauchfange oder dem thatsächlich vorhandenen Zugvieh oder Ackerwerkzeuge umlegen [1]).

Bei den Deutschen aber bestand seit den frühesten Erinnerungen die feste Anschauung, dass das Dorf aus der Kulturarbeit einer bestimmten Anzahl gleichberechtigter Theilnehmer hervorgegangen war, und dass jedem dieser Theilnehmer ein gleiches

---

[1]) Vgl. Ausbreitung der Deutschen a. a. O. S. 18 ff.

Heimwesen, die Hufe, der Behuf, sein Bedarf, zukommt. Die einzelne Ortschaft mit den ihr zugehörigen Ländereien zerfiel je nach dem Umfange und der Güte der letzteren in 10—30 solcher Antheilsbesitzungen, von deren jeder angenommen wurde, dass sie von dem Hausvater mit seiner Familie und wenigem Gesinde bestellt werden könne, ihm aber auch den Unterhalt und die Mittel zu den üblichen öffentlichen Lasten zu gewähren vermöge.

Die Gewanneintheilung der Flur sicherte in jedem Orte mit peinlicher Gerechtigkeit die Gleichheit der Antheile. Jede Hufe erhielt in jedem der zahlreichen Gewanne ein gleich grosses Grundstück. Alle Hufen also standen in Zahl, Grösse, Güte und Entfernung ihrer einzelnen Parzellen gleich, und wo noch ein kleiner Unterschied der Lage im einzelnen Gewann hätte streitig werden können, hatte das von Allen als heilig geachtete Loos entschieden.

Diese Hufen wurden in jeder Gemarkung thatsächlich und örtlich angewiesen. Sie bestanden unveränderlich, ganz gleich ob der Eigenthümer sie verwaltete oder für sich einen Verwalter einsetzte, ob er mehrere in seiner Hand vereinigte, oder sie theilte oder viertelte. Das Gemeinwesen war mit gleichen Ansprüchen an jede derselben angewiesen. Es stellte deshalb auch dieselben Anforderungen, gleich ob der Besitzer ein Freier oder Unfreier, ein Inwohner oder Auswärtiger war. Daraus ergab sich ganz von selbst, dass der Landwirth hinter dem Hofe zurücktrat, die Hufe wurde zu einer dauernden, jederzeit greifbaren und jederzeit gleich leistungsfähigen Persönlichkeit. Dazu kam, dass zwar die Hufen der verschiedenen Ortschaften, selbst in grosser Nachbarschaft, sehr ungleich sowohl an Umfang wie an Werth waren, dass aber gleichwohl allen derselbe ursprüngliche Gedanke zu Grunde lag, eine bäuerliche Familie zu beschäftigen und zu ernähren und ihr die Erfüllung der üblichen bürgerlichen Dienste und Beiträge zu ermöglichen.

Deshalb ist das gesammte Mittelalter und noch die Neuzeit von der Idee geleitet worden, dass Steuern und Lasten über ganze Staatsgebiete ohne wesentliche Ungerechtigkeit nach der Hufe vertheilt werden dürfen. Es hat diese alt hergebrachte Hufenverfassung seit den frühesten Zeiten bei den verschiedenen deutschen Stämmen den Charakter eines Grundkatasters gehabt, und sie ist stets, bewusst oder unbewusst, als eine der ersten Nothwendigkeiten der agrarischen und offenbar auch der politischen Neugestaltungen behandelt worden. Sie wurde in diesem Sinne von den deutschen Stämmen in die keltischen Gebiete Süddeutschlands und Galliens übertragen, die Angelsachsen führten sie in Britannien ein. Seit Karl dem Grossen bedeckte sich das eroberte Oesterreich und Obersachsen mit Hufen, und als im 12. Jahrhundert die Kämpfe mit den Slawen in der Lausitz und an der Unterelbe begannen, war stets der erste Schritt nach der Unterwerfung unter deutsche Herrschaft, dass das Land, so weit es Deutsche in Besitz nahmen, nach Hufen, so weit es in Händen der unterworfenen Slawen blieb, nach Haken eingetheilt wurde, um danach Zinspflicht und Dienste zu veranlagen und zu erheben[1]).

Dieser slawische Haken war keineswegs ein slawisches Mass, sondern er stand in einem bestimmten Verhältniss zur Hufe, je nach der Gegend $^2/_3$ oder $^1/_2$ derselben an Grösse wie Leistung, ersichtlich auf Grund des schwächeren Wirthschaftsbetriebes. In Mecklenburg, Pommern, Liefland und Esthland haben sich die Haken bis auf die Gegenwart als Steuerhufen erhalten. So lange eine beruhigte sichere Festsetzung der deutschen Grundherren in den slawischen Ortschaften noch nicht erreicht war, hat man sich mit überschläglichen Schätzungen der Hakenzahl begnügt. Nachdem die Grundherren die slawischen Unterthanen hinreichend fest in ihrer Hand oder als aufsässige vertrieben hatten, trat die Eintheilung der Fluren nach Gewannen ein, welche wirklich gleiche Leistungen der gleichen Besitzungen ermöglichten. Dabei machte es keinen Unterschied, ob deutsches Recht und damit auch die Hufe und der Pflug als Grundlage genommen wurde, oder ob den Dörfern slawische Bewohner und polnisches Recht belassen wurden[2]), und die Eintheilung nach den kleineren und geringer belasteten Haken erfolgte. Die Gewanneintheilung ist in nichts verschieden, als im Flächenmass.

Der Fortschritt aber, welcher seit der Mitte des 12. Jahrhunderts auf dem gesammten Colonisationsgebiete geltend wurde,

---

[1]) Ausbreitung der Deutschen a. a. O. S. 20 ff.

[2]) Dies fand je mehr nach Osten desto häufiger statt. Auch der Mansus slavonicus oder moravicus, welcher in einigen Fällen genannt wird, bedeutet nichts anderes.

war die Ausweisung grösserer Parzellen. Die ängstliche Unterscheidung jedes Wechsels der Bodenbeschaffenheit führte auf dem alten Volkslande innerhalb jeder einzelnen Flur zu zahllosen kleinen Gewannen, die erst im Laufe der Zeit bei Grenzregulirungen und Riebningsproceduren gelegentlich zu etwas grösseren zusammengezogen worden sind. Bei der Einrichtung der Fluren auf dem Slawenlande dagegen hatte ein übermächtiger landesherrlicher oder gutsherrlicher Unternehmer die Entscheidung von Streitigkeiten zu treffen. Die Gewanne konnten deshalb freier und viel ausgedehnter abgesteckt werden. Die Hauptgewanne wurden meist so gross gewählt, dass in jedem derselben die Hufe 4—10 Morgen als ihren Antheil in einem Stück erhielt. Kleine Parzellen kamen anfänglich nur in Nebenabschnitten vor. Mit der Zeit entstanden sie allerdings durch Theilungen. Die Antheilsstreifen im Gewann wurden oft sehr lang vom Dorfe bis zur Flurgrenze und dadurch trotz ihrer grossen Fläche schmal. Aber gleichwohl war die Bestellung und Zugänglichkeit bedeutend erleichtert.

Es wurde auch üblich, zwischen diesen Antheilen Raine oder Balken, d. h. Streifen festen Bodens von etwa 2 Fuss Breite als Abgrenzung stehen zu lassen. Obwohl dies ein Bodenverlust und auch wegen Ungeziefer und Unkraut schädlich war, beugte es doch vorzüglich dem Abpflügen des Landes durch die Nachbarn vor, welches in den kleinen nur durch Furchen abgegrenzten Gewannstücken des alten Volkslandes eine Quelle unaufhörlicher Grenzstreitigkeiten und Grenzverschiebungen war und in manchen Fällen nur durch völlige Neutheilung der Flur im Riebningsverfahren wieder ausgeglichen werden konnte.

Ueber dieses Riebningsverfahren gab es in Deutschland keine Gesetze, es wurde je nach Bedarf mehr oder weniger ausgedehnt durch die Feldgeschworenen bewirkt, welche in den meisten Dörfern als Behörde für die Grenzerhaltung gewählt wurden und unbedingten Gehorsam fanden. In Dänemark haben die Erich-seeländischen Landesgesetze von 1290 und auch schon das jütish Low von 1240 und das Schonen'sche Gewohnheitsrecht des Sunesen (von 1204 bis 1215) einzelne besondere Bestimmungen getroffen, welche im Anfange unseres Jahrhunderts den Rechtskundigen durchaus unverständlich erschienen. Die alte Agrarverfassung war bis dahin, auch wo sie nicht bereits ihre Umgestaltung gefunden hatte, in ihrem Wesen völlig unbeachtet und unbekannt geblieben.

Dies ist der Punkt, an welchem zuerst Hanssens Vermittlung neuer wissenschaftlicher Anschauungen einsetzte. Er entdeckte gewissermassen die feldmesserischen Beobachtungen und historischen Untersuchungen des Feldmessers und Professors Oluffsen. Oluffsen hat über die alte Agrarverfassung Dänemarks und über den bezüglichen Inhalt der gedachten Gesetze um 1810 nach und nach 5 Vorträge in der Kopenhagener Gesellschaft der Wissenschaften gehalten, sie auch aus den Schriften dieser Gesellschaft 1821 besonders abgedruckt und unter dem Titel herausgegeben: Bidrag til Oplysning om Danmarks indvortes Forfatning i de aeldre Tider, isaer i det trettende Aarhundrede. Sie sind indess kaum beachtet worden, bis Hanssen ihren wesentlichen Inhalt in seinen Abhandlungen: Ansichten über das Agrarwesen der Vorzeit[1]) darlegte und umfassend erweiterte.

In diesen Vorträgen hat nun Oluffsen in überraschender und überzeugender Weise den Satz Moesers auf Grund der Beobachtungen und feldmesserischen Arbeiten bestätigt, die er auf den geschilderten in Gewannen liegenden Hufendörfern Dänemarks und Schleswig-Holsteins machte.

Oluffsen ist 1764 geboren und kann deshalb schon 1780 mit Verständniss an den Verkoppelungsarbeiten Theil genommen haben, welche am Schluss des Jahrhunderts noch nicht völlig beendet waren. Aber das oben geschilderte Messungsverfahren bei diesen Verkoppelungen, die ohne eine solche vereinfachende Methode in der verhältnissmässig kurzen Zeit schwerlich hätten zu Ende geführt werden können, war nicht geeignet, die von Oluffsen in den gedachten Abhandlungen über den Besitzstand in den Gemarkungen gemachten ausführlichen Angaben zu gewinnen.

Die Fläche des Besitzes der einzelnen Bauerhufen in den verschiedenen Gewannen, die Art der Berechnung der Antheile, die Vergütungen an Fläche bei Anwandstücken, auf denen die Pflüge wenden, und bei Lagen des einzelnen Hufenantheils, die dem Wege-

---

[1]) Neues staatsbürgerliches Magazin Bd. III 1835 und Bd. VI 1837. — Agrarhistorische Untersuchungen Bd. I 1880, S. 1 ff.

schaden ausgesetzt oder in der Bodengüte etwas geringer waren, ebenso die Reihenfolge im Gewann und ähnliches bedurfte nothwendig spezieller und genauer Ausmessungen der einzelnen kleinen Parzellen. Wie es scheint, musste Oluffsen diese besonderen Feststellungen im eigenen wissenschaftlichen Interesse vornehmen, wo er nicht zufällig ältere vollständige Flurkarten vorfand; an solche wäre indess nur ausnahmsweise zu denken. Es ist deshalb sehr möglich, dass ihm überhaupt nur wenige Beispiele vorgeschwebt haben, und dass dies die einfachsten und klarsten waren. Bis jetzt hat sich Näheres nicht ermitteln lassen. Indess je kleiner die Parzellen im Gewann sind, desto schwerer ist es, Differenzen im Masse festzustellen, welche sich nicht mehr als zufällige oder durch kleine Grenzveränderungen herbeigeführte betrachten lassen.

Dies deutet darauf, dass seine Beobachtungen sich mehr auf grosse als auf kleine Gewanne beziehen. Auch die Schilderungen der Dorflagen, die er giebt, passen bei eingehender Erwägung nur auf die gedachten strassenförmigen Dörfer der Colonisation der Slawengegenden, nicht auf die haufenförmigen Dorfanlagen der alten Volksgebiete. Man wird deshalb annehmen dürfen, dass er seine grundlegenden Erfahrungen vorzugsweise in Wagrien und Fehmarn gesammelt hat, also auf dem Boden späterer und entwickelterer Siedelungsunternehmungen.

Dem kann aber immerhin so sein, glücklicherweise haben die von ihm gewonnenen Anschauungen hingereicht, ihm die deutliche Erklärung der gedachten dänischen Gesetze so weit zu ermöglichen, dass sie durch Hanssen zur Evidenz erhoben werden konnte. Diese Gesetze äussern sich über Begriff und Wesen der Hufe nicht direkt, zeigen aber deutlich, wie sie dieselben auffassen.

Das Erich-seeländische Gesetz von 1290 spricht in dieser Beziehung aus, dass jeder Dorfinteressent ein gleiches Loos haben solle, und dass die Gleichheit der Landstellen, nämlich nach ganzen, halben und Viertelshufen, erforderlichen Falls zu jeder Zeit durch die sogenannte Riebningsprocedur, d. h. eine neue Regulirung, durch Aufmessung mit dem Messseil, solle wieder hergestellt werden können. Bei einer solchen Neuaufmessung solle auch den Toften, d. h. den Hof- und Gartenstücken in der Dorflage, auf denen die Gehöfte stehen, eine beliebige Grösse gegeben werden können, wenn Stimmeneinheit der Nachbarversammlung darüber herrsche, sonst habe die alte Verfassung die Vermuthung der Richtigkeit für sich. Auch solle bei ungleicher Bodenbeschaffenheit die Gleichheit dieser Toftstellen durch die grössere oder geringere Breite derselben bewirkt werden. Die Reihenfolge der Tofte im Dorfe solle ausgeloost werden. Dieselbe Reihenfolge aber nach dem Laufe der Sonne im Kamp (in den Gewannen) festgehalten werden (Solfall). Die Riebningsprocedur solle auf sachkundiges Gutachten von Hardesmännern bei Grenzverwirrung und bei grosser Zerstückelung eintreten.

Dem entsprechen schon mit geringen Modificationen bis in grosse Einzelheiten durchgeführte Anordnungen des Jütischen Gesetzes von 1240. Danach sollen Haustofte und der Dorfanger und auch die Wege von der neuen Regulirung ausgeschlossen werden, soweit sie von Alters bestanden. Neue Haustofte müssen aus dem Acker ausgeschworen werden. Wer sein Haus auf seinem bisher besessenen Acker gebaut hat (also ausserhalb der Dorflage) und es nicht hergeben will, muss sich gefallen lassen, dass der, dem dieser Acker zufällt, sich dafür eines seiner anderen Ackerstücke nach Belieben aussucht. Wiesen werden mit getheilt, können aber auch dem Koppelwechsel unterliegen. Auch Holzungen können ungetheilt bleiben. Wären die Antheile nicht zu ermitteln, solle die Theilung nach dem Abgabenverhältniss erfolgen. Der Hofbesitzer dürfe aber die Vereinigung seiner Grundstücke mit seinen Hofantheilen nicht fordern, wenn er nicht in jedem der 3., 2. oder 1. Vongs (Wirthschaftsschläge, Felder der Drei-, Zwei- oder Einfelderwirthschaft) noch wenigstens 1 Acker (ca. $1/4$ Hektar) besitze. Dies wahre sein Recht, sonst sei sein Toft ackerlos geworden.

Das lateinisch bearbeitete Schonen'sche Gewohnheitsrecht von 1215 sagt: Cujus (foeniculi) dimensione tota villa in aequales redigitur portiones, quas materna linqua vulgariter Boel appellant, et nos in latino sermone mansos possumus appellare, earum fundis inter se prediisque inter se fundis ipsis adjacentibus adaequandis.

Aus diesen Bestimmungen geht, wie Hanssen zeigt, hervor, dass das Gesetz von dem Hufenbestande als einer selbstverständlichen Sache spricht, die jedem bekannt ist, und dass es über die

Riebningsprocedur auch keineswegs als über ein neues, gesetzlich einzuführendes Verfahren handelt, sondern dass es auch dieses als herkömmlich bekannt voraussetzt, und nur einige besondere Fragen entscheidet, die dabei streitig werden können.

Hanssen hatte deshalb völlig Recht, die Hufenverfassung als eine ganz ursprünglich mit der Anlage der Flur in Gewannen gegebene zu erklären, welche schon in den Nachrichten des Tacitus von der Einrichtung deutscher Dörfer sich widerspiegele.

Er nahm an [1]), dass, wo wir Dörfer mit Feldgemeinschaft vorfinden, diese auch gleich bei der ersten Kultivirung des Bodens so eingerichtet worden sind. Er verwarf mit gutem Grunde die Ansicht als gänzlich unhaltbar, dass das Land ursprünglich überall nach Einzelhöfen, jeder mit seiner separaten und beliebig occupirten Feldmark bewohnt gewesen, dann aber im Mittelalter die Besitzer dieser Höfe der grösseren Sicherheit halber ihre zerstreuten Wohnungen zu Dörfern zusammengerückt und ebenso ihre Felder zusammengeworfen hätten. Dies konnte erst dem bestimmten Plane und der uneingeschränkten Gewalt der modernen Regierungen gelingen. Vielmehr erklärte er, dass der Vorgang nur so zu denken sei, dass in der allerältesten Zeit der ganze Antheil des einzelnen Loosinteressenten an allen Bestandtheilen der Feldmark, Toftgrund, Ackerland, Wiese, Weide und Wald durchgängig nur ein ideeller gewesen sei, und dass nur nach Bedürfniss und allmählich diese Antheile thatsächlich in der Weise der Gewanne ausgewiesen und mit der Zeit in festes Eigenthum übergegangen wären. Er stimmt also mit der Auffassung der deutschen Hufe als dem verhältnissmässigen Antheile eines Dorfgenossen an dem zur Ansiedelung bestimmten Lande vollständig mit Moeser überein.

W. Roscher hat dann auf Grund zahlreicher Nachrichten aus der Alten und Neuen Welt den Satz aufgestellt [2]), dass im Allgemeinen jedes Volk, welches vom Nomadenthum zur festen Ansiedelung übergeht, durch einen Zustand der gemeinsamen Ansiedelung hindurchgehe, während dessen nur bestimmte Ansiedelungsgebiete für eine gewisse Anzahl Theilnehmer ausgeschieden sind. An dem

---

[1]) Agrarhistorische Untersuchungen Bd. I, S. 25.
[2]) System der Volkswirthschaft 1859, Bd. II, S. 237.

einzelnen Gebiete stehe jedem seiner Theilnehmer nur ein verhältnissmässiges Anrecht zu, welches entweder überhaupt durch längere Zeit gemeinsam ausgeübt werden oder so gestaltet werden, könne, dass der Einzelne auf seinen Antheil zwar einen privaten, aber nicht dauernden, sondern periodisch wechselnden Besitz zugewiesen erhalte, oder so, dass dieser Besitz früher oder später Anerkennung als Privateigenthum finde. Roscher erklärt, dass diese Zustände sich nach den Neigungen und der Kultur oder den wirthschaftlichen Umständen des einzelnen Volksstammes sehr schnell folgen oder durch lange Zeiträume erhalten können.

G. Waitz hat nun in seiner Schrift »Ueber die altdeutsche Hufe« die Frage im Einzelnen und mit grösster Schärfe untersucht, welche Zustände sich aus den historischen Quellen und Ueberlieferungen des deutschen Volkes in dieser Beziehung erkennen lassen.

Er weist darauf hin, dass man die Hufe in ihrem eigentlichen Sinne als den Complex von Land und dazu gehörigen Rechten auffassen müsse, den regelmässig der Einzelne hat, und dessen er für seine Bedürfnisse als Landbauer bedarf, genug, um die Arbeit eines Landbauers mit einem oder zwei Knechten in Anspruch zu nehmen, und um ihn und die Seinen ausreichend, wie es die Gewohnheit forderte, zu ernähren. Er ist auch mit Landau's Erklärung einverstanden, das Wort Hufe bezeichne ein landwirthschaftliches Gut, welches mit einem Pfluge bestellt werden kann, und demnach der Arbeitskraft einer Familie entspricht.

Für die Benützung der geschichtlichen Ueberlieferung kommt es vor Allem darauf an, dass die einzelne Nachricht, wenn sie beweisfähig sein soll, in ihrem Wortlaute wirklich diesen Sinn bekundet. Die Ausdrücke mansus, hoba, curtile, sors, aratrum, oder Hufe, boole, hyde, Loos, Hof, welche für Hufe gebraucht werden, müssen sich hinreichend deutlich auf ein Landgut vom angegebenen Inhalte beziehen. Sie dürfen weder eine blosse Wohnstätte oder eine kleine unzureichende Ackerstelle, noch überhaupt nur einzelne Ackerstücke oder Anrechte bezeichnen wollen, sondern müssen in der That Haus und Hof, den nöthigen Acker in der Flur und die entsprechenden Antheilsrechte an Wiese, Wald und Weide, an Almende und Mark im Auge haben.

Waitz nennt als älteste Erwähnung der Hufe nach Guérard [1]) die im Testamente des Perpetuus vom Jahre 478 enthaltenen Angaben über Mansi, nicht ohne Zweifel an der Richtigkeit auszudrücken. Dieses Testament hat sich inzwischen in der That als eine Fälschung aus dem 17. Jahrhundert ergeben [2]). Es kommt, worauf Zeumer näher hingewiesen hat [3]), maso oder manso, mansus zuerst in Merovingischen Urkunden von 656, 664 und später vor [4]), und etwa gleichzeitig in den formulae Andecavenses (Nr. 25 und 27). Indess auch dabei bleiben Zweifel, ob es sich wirklich um den Begriff der Hufe handelt.

Deshalb ist als die älteste sichere Erwähnung der Hufe die Stelle im Buch X, Tit. 1, Ziff. 14 der lex Wisigothorum zu betrachten. Diese Stelle unter der Ueberschrift: Si inter eum qui dat et accipit terram aut silvam contentio oriatur, hat mancherlei Schwierigkeiten der Auslegung. Sie lautet: Si inter eum, qui accipit terras vel silvas et qui praestitit, de spatio unde praestiterit fuerit orta contentio, tunc si superest ipse, qui praestitit, aut si certe mortuus fuerit, ejus heredes praebeant sacramenta, quod non amplius auctor eorum dederit, quam ipsi designanter ostendunt, et sic posteaquam juraverint praesentibus testibus, quae observentur signa constituant; ut pro ea re nulla deinceps accedat causatio. Si vero consortes ejus non dignentur jurare aut forte noluerint, vel aliquam dubietatem habuerint, quantum vel ipsi dederint, vel antecessores eorum, ipsi ut animas suas non condempnunt, nec sacramentum praestent. Sed ad tota aratra, quantum ipsi vel parentes eorum in sua sorte susceperant, per singula aratra quinquagenos aripennes dare debent. Ea tamen conditione, ut quantum occupatum habuerint vel cultum juxta quinquaginta aripennes concludant, nec plus quam in eisdem mensuratum fuerit aut ostensum, nisi terrarum dominus forte praestiterit, audeant usurpare. Quod vero amplius occupaverint, in duplum reddant invasa.

---

[1]) Benj. Guérard, Polyptyque de l'abbé Irminion Tome I. Paris 1844.
[2]) Julian Havet, Questions mérovingiennes II, § 2 (Bibliothèque de l'école des chartes XLVI, p. 207).
[3]) Karl Zeumer, Neue Erörterungen über ältere fränkische Formelsammlungen. Neues Archiv XV, S. 313.
[4]) Mon. Germ. dipl. merov. Nr. 25, 27, 42, 45, 47, 54, 56, 76.

Es lässt sich dies anscheinend nur dahin auslegen, dass wenn von Jemand Land zur Kultur ausgegeben worden ist und streitig wird, wie viel, der Streit durch Schwur des Austhuers oder seiner Erben oder Hausgenossen erledigt werden kann. Wollen diese aber ihr Gewissen aus irgend einem Grunde nicht beschweren, so soll der Schwur unterbleiben. Aber von allen ganzen Hufen, welche der Austhuer oder seine Vorfahren in ihrem Loose erhalten haben, soll dann für jede je 50 Aripennen an die Colonen abgetreten werden, und diese müssen sich bei Strafe mit diesem Masse begnügen, wenn ihnen der Grundherr nicht mehr verleiht.

Will man aber auch anders interpretiren, zweifelfrei erhellt gleichwohl aus der Stelle, dass sie als etwas Bekanntes und Uebliches voraussetzt, der Verleiher oder sein Vorfahr haben sein Landloos nach Hufen erhalten.

Diese Hufe ist auch weder das römische Steuerjugum noch ein Loosantheil in der Centurie, sondern völlig im deutschen durch das ganze Mittelalter gebrauchten Sinne, ein Pflug, ein aratrum, so viel Land, als der Bauer mit einem Pfluge bewirthschaftet. Ihm steht auch das römische ortsübliche Mass der aripennis offenbar deshalb gegenüber, weil das Mass des aratrum nicht hinreichend bestimmt war.

Columella lib. 5, c. 1 bezeichnet das Wort aripennis als ein gallisches. Das Flächenmass aber ist als semijugerum völlig in das römische Masssystem übernommen worden. Columella, wie ein alter Auctor de limitibus agrorum [1]) sagen: aripennis quam semijugerum dicunt, id est, quod et actus major, habens undique versum pedes 120, perticas vero 12, und Isidor [2]): actus quadratus undique finitur pedibus 120, hunc Beetici aripennem dicunt. Auch Gregor v. Tour, lib. I, c. 6 rechnet die Aripennis als Längenmass 5 auf ein Stadium, also 120 Fuss [3]).

50 Aripennen sind also $50 \times 14{,}18$ Ar oder $27{,}2$ rheinische Morgen, etwa die Hälfte der südlich des Rheins üblichen Hufen. Es war auch, wie es scheint, seitens des Gesetzgebers beabsichtigt, den zweifelhaften Streit durch eine Art Halbirung zwischen den

---

[1]) Blume, Lachmann und Rudorff, Schriften der römischen Feldmesser Bd. I, 372.
[2]) Ebendaselbst p. 367.
[3]) Der römische Fuss ist = 0,296 Meter.

Parteien zu erledigen. Wenn der Grundherr die Sors selbst bewohnt und bewirthschaftet hätte, konnte ein solcher Streit überhaupt nicht entstehen. Die Sors wurde nur durch Colonen benutzt und diese hatten um sich gegriffen. Der Gesetzgeber weist ihnen im Mangel anderen Anhaltes, schwerlich zu ihren besonderen Gunsten, die Schranke an der Hälfte des Looses an. Indess könnte die Hufe auch kleiner gedacht sein. Seit dem 7. Jahrhundert ist mansus sowohl wie hoba in Urkunden und Formeln allgemein im Gebrauch, wie Waitz im Einzelnen zeigt [1]).

Aus diesem immerhin späten urkundlichen Auftreten der Hufen darf indess auch nach Waitz's Meinung keineswegs der Schluss gezogen werden, dass ihre Entstehung erst in diese Zeit, oder lediglich in das Eroberungsland der Völkerwanderung zu setzen sei.

Es ist gar keine Frage, dass schon in der Völkerwanderung ein Gegensatz in der Besitznahme der eroberten Landstriche entstand. Wo das Volksheer in seinen Hundertschafts- und Geschlechtsverbänden sich festsetzte, brachte es auch seine heimischen volksthümlichen Gesichtspunkte für die Eintheilung des Bodens mit. Diese Ansiedelungen geschahen alle nach Genealogien in Dörfern und schon nach Hufen und konnten nicht leichter streitfrei und der Sitte entsprechend zugewiesen werden, als durch die Abgrenzung von Gewannen, Theilung jedes Gewannes in gleiche Hufenantheile und Verloosung dieser Theilstücke unter die einzelnen Hufen, welche der Ort zählte. Ueberall in Oberdeutschland und Rheinland sind auch die dem Völkerzuge am ersten zugänglichen fruchtbaren und ebenen Gegenden mit Gewanndörfern bedeckt, welche denen Mitteldeutschlands vollkommen entsprechen. Daneben aber blieben weite Strecken ungünstigeren, bewaldeten und gebirgigeren Bodens liegen, welche die bald zur Königsgewalt erstarkenden Führer als ihre Eroberung, als Königsland betrachteten, und auch unbedingt als Staatsfiskus zu verwenden genöthigt waren, weil andere Mittel für die Bestreitung des wachsenden Aufwandes nicht zu Gebote standen. Daraus erwuchsen die massenhaften Landverleihungen an die bald entstehende Lehenshierarchie höherer und niederer Beamten und an die Geistlichkeit, welche die beste Stütze der Monarchie wurde. Das

---

[1]) A. a. O. S. 14.

verliehene Land aber war für keinen der neuen Besitzer besser als durch Zinsen und Leistungen freier Bauern oder eigener Leute zu verwerthen, denen es der Grundherr nach Gelegenheit überliess.

Ortsanlage und Flureintheilung solcher Dörfer lassen den Gegensatz gegen die volksmässig besetzten vielfach erkennen, nähern sich allerdings auch häufig der volksthümlichen Sitte bis zu grosser Aehnlichkeit. Auch die wesentlich abweichenden aber sind durch ganz Oberdeutschland und bis tief nach Frankreich hinein, soweit die deutschen Spuren führen, mit der Hufeneintheilung verknüpft. Es ist nun sehr erklärlich, dass das verliehene Land und der schnelle Wechsel des Besitzes und die damit verknüpften Colonisationen auf dem Königsboden viel eher Veranlassung gaben, urkundliche Feststellungen zu treffen, als der volksmässig ergriffene Besitz. Es bestehen überhaupt keine Urkunden, welche an die volksmässige Besitznahme heranreichen, nicht einmal die ältesten Volksgesetze gehen so weit zurück, und es war über das Selbstverständliche auch keine Aufzeichnung nöthig. Daher kann es so erscheinen, als wäre erst mit der Grundherrlichkeit die Hufenverfassung entstanden. Daran konnte um so leichter gedacht werden, als sie in der That ein Bedürfniss der grundherrlichen Verwaltung war, und die grundherrlichen Colonien häufig besondere, sehr eigenthümlich ausgeprägte Hufenanlagen zeigen.

Aber alles dies sind nur Uebertragungen und späte Entwickelungsformen, der Ursprung der Hufenverfassung weist in die älteste Zeit der festen Ansiedelung zurück.

Den sprechendsten historischen Beweis hat Waitz nicht mehr in den Kreis seiner Betrachtungen einbezogen. Er liegt in den karolingischen Heerbannsverordnungen [1]).

Das Memoratorium vom Jahre 807 sagt für die Reichsgebiete ganz allgemein: 1) Inprimis, quicunque beneficia habere videntur, omnes in hostem veniant. 2) Quicunque liber mansos quinque de proprietate habere videtur, similiter in hostem veniat. Et qui quatuor mansos habet, similiter faciat. Qui tres habere videtur, similiter agat. Ubicunque autem inventi fuerint duo, quorum unusquisque

---

[1]) Carol. magn. Memoratorium von 807 und Brevis Capitulorum von 808. Monum. German. legum Sect. II Capit. regum francor. Tom I. Boretius 1880, S. 134. 137.

duos mansos habere videtur, unus alium praeparare faciat, et qui melius ex ipsis potuerit, in hostem veniat. Et ubi inventi fuerint duo, quorum unus habet duos mansos et alter habeat unum mansum, similiter se sociare faciant, et unus alterum praeparet, et qui melius potuerit in hostem veniat. Ubicunque autem tres fuerint inventi, quorum unusquisque mansum unum habeat, duo tertium praeparare faciant; ex quibus qui melius potest, in hostem veniat. Illi vero, qui dimidios mansos habent, quinque sextum praeparare faciant. Et qui sic pauper inventus fuerit, qui nec mancipia nec propriam possessionem terrarum habeat, tamen in pretio valente quinque solidos, quinque sextum praeparent, et ubi duo, tertium, de illis qui parvulas possessiones de terra habere videntur.

Das Breviarium capitulorum von 808 ändert diese Bestimmungen im Sinne einer Erleichterung. Es sagt: 1) Ut omnis liber homo qui quatuor mansos vestitos de propio suo sive de alicujus beneficio habet, ipse se praeparet, et ipse in hostem pergat, sive cum seniore suo. Qui vero tres mansos de proprio habuerit, huic adjungatur unus qui unum mansum habeat, et det illi adjutorium, ut ille pro ambobus ire possit. Qui autem duos mansos tantum de proprio habet, jungatur illi alter qui similiter duos mansos habeat; et unus ex eis, altero illi adjuvante, pergat in hostem. Qui etiam unum tantum mansum de proprio habet, adjungantur ei tres, qui similiter habeant, et dent ei adjutorium, et ille tantum pergat. Tres vero, qui illi adjutorium dederunt, domi remaneant.

Ausgenommen von dieser Anordnung sind nur die Friesen, bei welchen, wenigstens soweit Ostfriesland reicht, die Hufenverfassung in alter wie neuer Zeit unbekannt gewesen ist. In Betreff derselben sagt das Memoratorium: 6) De Fresonibus volumus, ut Comites et Vasalli nostri qui beneficia habere videntur, et caballarii, omnes generaliter ad placitum nostrum veniant bene praeparati. Reliqui vero pauperiores, sex septimum praeparare faciant, et sic ad condictum placitum bene praeparati hostiliter veniant.

Gleichwohl besagt anscheinend die Ueberschrift des Memoratoriums: „Memoratorium qualiter ordinavimus, propter famis inopiam ut de ultra Sequanae omnes exercitare debeant," dass er nur von den Ländern nördlich der Seine sprechen will.

Karl unterscheidet also seine Lehensleute von den Gemeinfreien aller seiner deutschen Völker und setzt mit ganzer Sicherheit, welche die Fürsorge für den Heerbann seiner blutigen Kriege forderte, voraus, dass in allen deutschen Ländergebieten, mit Ausnahme der friesischen, die Gemeinfreien auf einer Mehrzahl oder einzelnen Hufen, auch wohl halben Hufen sitzen, dass aber so arme Freie, dass sie gar kein Hufenland haben, in der Hauptsache Ausnahmen sind.

Es beweist dies, dass das verliehene Land, welches Karl der Grosse noch sehr scharf von dem zu Eigenthum besessenen schied, mit den darauf ausgethanen Hufen nicht in Frage steht, weil von demselben der Lehensmann unbedingt seinen Kriegsdienst zu leisten hat. Die Freien, welche Karl klassifizirt, sind vielmehr Eigenthümer und bilden den eigentlichen Heerbann, kein Lehensheer. Die Hufen auf eine seit dem 5. oder 6. Jahrhundert entstandene Grundherrlichkeit zurückzuführen, ist deshalb durchaus unmöglich. Vielmehr kann der Anordnung nur die dem Gesetzgeber als unzweifelhaft bekannte Thatsache zu Grunde liegen, dass in allen Theilen des karolingischen Reiches nördlich der Seine und abgesehen von Friesland die Hufeneintheilung des Landes eine allgemeine und von Jedermann gekannte war. Sie konnte nur auf den herkömmlichen Zuständen beruhen.

Es erweist zugleich die Klassifikation der Freien nach solchen, welche 5, 4, 3, 2, 1 und $1/2$ Hufe besitzen, dass darunter von der Grösse der Besitzung und der Wirthschaft des Einzelnen ganz unabhängige, hinreichend gleiche Einheiten verstanden werden, eben die idealen Theilstücke, welche Moeser als Aktien am bäuerlichen Gemeinwesen bezeichnet, und welche thatsächlich eine Art Landeskataster zu bilden vermögen.

Auf diesen Begriff führen auch die volksthümlich gebrauchten Bezeichnungen. Dies zeigt Waitz eingehend und mit Bezugnahme auf Müllenhoff. Das Wort Hufe, hoba, huoba, huba, auch oba, hopa, hova oder hobo, hobonia, hobunna, lässt sich mit Hof nicht identifiziren; die Wortformen gehen ineinander über, aber die Sprache selbst unterscheidet sie. Auch die Ableitung von uoban, bearbeiten, anlegen, ist nicht zutreffend, denn das h fehlt sehr selten und erscheint als wurzelhaft. Eher giebt Müllenhoff eine Verbindung mit dem Stamme hab zu, also, was Jemand hat, besitzt, oder eine Ableitung von hefan, huob, gihoban (heben). Dann würde Hufe zunächst das Ackerland bezeichnen. Neuerdings hat indess Müllenhoff bestimmt erklärt und festgehalten, dass das Wort aus dem in Behuf enthaltenen Stamme erklärt werden müsse, der Behuf, das was Jemand zukommt, der Antheil oder das Anrecht, also auch sein Loos. Dem entspricht das deutsche hluz[1]), das lateinische sors, ebenso auch pars, portio.

Diese Bezeichnungen deuten alle auf den gleichen Sinn. Gleichwohl bestätigen sie zugleich die Besonderheit, dass Hufe nicht ein ursprünglicher, alter, ausschliessender Ausdruck für den Begriff ist, für den er später in Deutschland ganz überwiegend gebraucht wird. Vielmehr wurde die Hufe in Dänemark und in ganz Skandinavien, wie gezeigt ist, als bool, boel bezeichnet. Die Angelsachsen sprechen in England von hid oder hide, Haut, Riemen. Schwerlich ist letztere Bezeichnung aus der auch auf Hengist und Horsa übertragenen Sage vom Zerschneiden einer Thierhaut in Riemen, die das als Geschenk erhaltene Land abgrenzten, entstanden, sondern letztere vielmehr umgekehrt aus dem Ausdrucke. Derselbe kann sich auf die Ackerstreifen, Riemen, beziehen, in welche die angelsächsische Gewannhufe zertheilt war[2]) und sich dadurch als Riemenland von den britischen Einzelhöfen unterschied. Sie wird auch ein Pflug Landes genannt.

Jedoch der entscheidende Beweis dafür, dass die Hufenverfassung keineswegs aus irgend einer allgemeinen Anordnung oder Regulirung, auch nicht aus dem Gedanken einer Landmessung oder eines Landmasses hervorgegangen ist, sind die **Grössenverhältnisse der Hufen**. Sie zeigen sich so verschieden, dass nur ein der Volksanschauung entsprechender Gedanke über die Besitznahme und zweckmässigste Vertheilung des Ansiedelungslandes als das Gemeinsame betrachtet werden kann. Das praktische Ergebniss dieser Vertheilung hing, gerade in der Ausdehnung der Antheile der Theilnehmer, von der Oertlichkeit und den Umständen, von der Bodenbeschaffenheit, den Bedürfnissen und den wirthschaftlichen Neigungen der Theilenden ab.

---

[1]) Landau, Territ. II; v. Maurer, Einl. in die Gesch. der Mark- u. Dorfverfassung S. 79.

[2]) Vgl. Hitshin bei Fr. Seebohm, English village communities. London 1883. Uebers. von Th. v. Bunsen 1885.

Waitz neigt sich der Meinung zu, dass ältere und spätere Nachrichten fast überall eine bestimmte Grösse der Hufe voraussetzen. Das kann und darf für das spätere Mittelalter nicht bestritten werden. Für das frühere Mittelalter aber lassen sich alle Nachrichten über bestimmte Masse und entsprechende Grundstücksmessungen nur auf Landverleihungen durch Landes- oder Grundherren zurückführen und stehen mit den Hufen des alten Volkslandes in keinerlei Verhältniss.

Waitz selbst zeigt zwar, dass in vielen und verschiedenen Theilen Deutschlands Hufen von 30 Morgen sehr gewöhnlich seien, aber er führt daneben doch auch zahlreiche Angaben von 15½, 20, 36, 40, 45, 60 Morgen an, von denen er wenigstens bei 20 und 40 selbst annimmt, dass man sie nicht als blosse Ausnahmen oder in späterer Zeit entstandene Unregelmässigkeiten betrachten könne.

Es entgeht ihm dabei auch nicht, dass die gleiche Zahl der Morgen keineswegs eine gleiche Grösse bedingt, dass vielmehr ebenso sehr verschiedene Morgen erwähnt werden, und deren Beschaffenheit für die einzelne Angabe aufgeklärt werden muss. Er bemerkt ausdrücklich, dass offenbar bei allen deutschen Stämmen ursprünglich eine Bestimmung der Landmasse nicht nach reinen Messungen und Zahlen, sondern nach gewissen natürlichen Verhältnissen stattgefunden habe. Was man an einem Tage oder Morgen mit einem Pfluge oder einem Joche beackern konnte, nahm man als Mass. Dafür wurden nur die lateinischen Ausdrücke, jugum, jugerum, jurnalis, diurnalis, auch terra boum, deutsch Morgen, Tagewerk, Mannwerk und andere verwandt. Er weist auch darauf hin, dass sich im Ganzen in Deutschland wie in Frankreich die grösste Verschiedenheit in dem wirklichen Flächenraume der Morgen zeige. Der Versuch Guérards, den er anführt, das Morgenmass für Gallien in fränkischer Zeit vorzugsweise auf Grund der Angaben burgundischer Urkunden zu bestimmen, zeigt, dass diese Angaben keineswegs unter einander übereinstimmen, sondern ein Mass bald von 80, bald von 106½, 140 und 152 Quadratruthen angeben.

Dabei ist diese Feststellung für Frankreich noch insofern einigermassen gesicherter, als nur in Ausnahmefällen an eine andere Ruthe und einen anderen Fuss, als an die römische pertica von

10 römischen Fuss zu denken ist. Für Deutschland aber betrug die Ruthe zwar hier und da ebenfalls 10 Fuss, anderwärts indess 12, 15, 20 und mehr. Die Notit. donat. Salzburg. c. 13 erwähnen sogar eine Ruthe von 26 1/2 Fuss, und es war ganz üblich, dass an demselben Orte zu verschiedenen Messungen längere oder kürzere Ruthen gebraucht wurden.

Es war aber ebenfalls auch der Fuss örtlich verschieden, und selbst an demselben Orte nicht völlig gleich zu erhalten. Es gab kein Mittel, einen solchen Normalfuss zu sichern. Die häufig wiederholten Weisungen, dass eine Anzahl Leute, die aus der Kirche kommen, ihre Füsse vor einander setzen sollen, um das Mass festzustellen[1]), zeigen das hinreichend. In den Städten liessen die Magisträte in der Regel einen rohen Metallstreif als Massstab an das Rathhaus befestigen. Daraus gingen die Lokalmasse hervor, an welche die landesherrlichen Verordnungen anknüpften. Erst durch diese Landesmasse erlangten die örtlichen Verschiedenheiten grössere Bestimmtheit und festere Verhältnisse, die dann mit grosser Starrheit aufrecht erhalten wurden.

Bis auf die neueste Zeit sind deshalb zum amtlichen Bedarf lange Verzeichnisse über diese örtlichen, um mehr oder weniger abweichenden Masse der Zolle, Fusse, Ruthen, Morgen, Jucherte und Hufen nothwendig geblieben. Tobias Meyer[2]) und die technischen Instructionen der Generalkommissionen und der Katasterbehörden der verschiedenen deutschen Staaten haben, um bei Vergleichungen älterer Vermessungsergebnisse nicht zu irren, solche Listen für oft äusserst kleine Gebiete dieser Staaten aufstellen müssen, nicht blos für gewisse Gegenden oder besondere Landeshoheiten, sondern für einzelne Herrschaften, Städte und selbst einzelne Dorfbezirke. Daraus ergiebt sich schon, dass selbst diejenigen Masse erheblich und lokal abwichen, welche im Laufe der Zeit eine gewisse gesetzliche Anerkennung erlangten. Thatsächlich aber sind diese Massverschiedenheiten noch viel mannigfaltiger und unberechenbarer,

---

[1]) Vgl. C. Lamprecht, Deutsches Wirthschaftsleben Bd. 1, S. 343, noch aus 1456. Cod. dipl. siles IV, Einl. S. 47 ff. c. 1530. Auch durch Gerstenkörner. Vgl. Grimm. Weisthümer-Register unter: Sinnliches Mass.

[2]) Gründlicher und ausführlicher Unterricht zur praktischen Geometrie. Göttingen 1808, III, 150.

wenn man sie auf die Beurtheilung älterer agrarischer Zustände beziehen will. Jeder Versuch, in irgend welcher Landschaft für eine Anzahl benachbarter Feldmarken, deren Hufenzahl urkundlich bekannt ist, die Grösse der Hufen unter möglichst genauer Feststellung aller Umstände zu berechnen, ergiebt die überraschendsten Abweichungen [1]).

Hanssen hat in der Abhandlung »Die Ackerflur der Dörfer« [2]) in den ausführlichen Besprechungen der Arbeiten des Feldmessers Willich aus der Umgegend von Göttingen um 1767, und ebenso der älteren Vermessungen der Feldmark Geismar die sprechendsten Gründe für diese Erscheinung angegeben und insbesondere gezeigt, dass selbst die Morgen auf derselben Feldflur keineswegs die gleiche Grösse haben, sondern hier und da bei besserem Boden kleiner, bei schlechterem Boden grösser an Fläche sind, auch nach der Entfernung verschieden, theils aber auch Morgen genannt und als Morgen veräussert werden, obwohl sie nur sogenannte Lagemorgen bedeuten, d. h. gleiche aliquote Theile eines bestimmten Gewannes, welche als Hufenantheile innerhalb desselben ungefähr einem Morgen mehr oder weniger nahekommen. Dass Aecker, Wiesen und Wälder derselben Gemarkung mit ganz verschiedenen Massen gemessen wurden, ist etwas bekanntes und gewöhnliches.

Nähere Erwägung ergiebt aber auch, dass die gesammte agrarische Entwicklung eines alten volksthümlich eingerichteten Gewanndorfes einem allgemeinen Masse nothwendig widerspricht.

Ein Volksstamm, der erobernd vorgeht und ein fremdes Gebiet entweder leer vorfindet oder mit seinen Bewohnern unterwirft, wird sich zu mannigfachen Gestaltungen der Besitznahme bestimmt sehen können. Welche Sitten und Anschauungen der Heimath er auch zu übertragen strebt, die Bedingungen werden immer andere und neue sein. In dem eroberten Lande bestehen für die Sieger keine zwingenden oder einschränkenden Rechte. Der erreichte Erfolg wird Aller Ansprüche steigern, wer aus enger und untergeordneter Lage auszog, wird sich nun als Herren fühlen und

---

[1]) Deshalb vermag auch Lamprecht a. a. O. I, S. 343 ff. selbst auf dem kleinen Gebiete des Mosellandes die ersichtlichen Widersprüche nicht zu lösen.
[2]) Agrarhistorische Untersuchungen Bd. II, S. 254 ff., 293 ff.

danach seinen Besitz gestalten wollen. Andererseits fordert jeder Kriegszug eine Art Diktatur der Oberleitung. Es wird auch bei der Theilung der Beute der Einzelwille in manchen Wünschen zurücktreten und der militärische Gehorsam die Ordnung erhalten. Dagegen können vorgefundene Kulturarbeiten und nutzbare Einrichtungen zur Verwendung und Anpassung auffordern, die Erhaltung des Bestehenden kann unnöthige Mühewaltungen und Schwierigkeiten vermeiden. Auch fordert das Bedürfniss, die Volksmasse zu ernähren und möglichst bald unter Dach und Fach zu bringen, schnelle und durchgreifende Organisation und diese, wie der Schutz gegen den nahen Feind, besondere Mittel an Geld und Vorräthen und zahlreiche, mit Amtsgewalt ausgestattete Hilfskräfte. Es ist schon darauf hingewiesen, wie sich diese Umstände auf allen in der Völkerwanderung besetzten Gebieten geltend gemacht haben.

Von der Besiedelung der ursprünglichen Volksgebiete Mitteldeutschlands aber ist der Gedanke untrennbar, dass sie auf altem Volkslande entstand, welches sich seit lange in ruhigem Besitze der zur Ansiedelung übergehenden Volksstämme befunden hatte. Bis in welche Zeiten man auch die nomadische Besitznahme hinaufrücken und wie man die Uebergänge zur festen Ansiedelung und ihre endliche allgemeine Durchführung denken will, immer bleibt in gleicher Weise Ausgangspunkt und sicherer Anhalt der Beurtheilung, dass die Ansiedelungen in die bestehenden Weidereviere hinein begründet wurden. Sie beschränkten diese Weidereviere zu Gunsten der einzelnen Ansiedler, und da die Ansiedler aus der Gesammtheit der bisher Besitzenden und Berechtigten hervorgingen, konnte nur eine friedliche Auseinandersetzung mit dieser Gesammtheit und eine Feststellung über die Ausübung der Nutzungsrechte an dem verbleibenden Reste des alten Volkslandes die Durchführung möglich machen.

Die Schilderungen Caesars[1]) über das Widerstreben und die Abmahnungen der principes gegen die feste Ansiedelung ihrer Volksgenossen mögen immerhin vielleicht nur den Zuständen der Sueven im Heere Ariovists entnommen sein, zutreffend sind sie durchaus für die unvermeidliche Lage der Verhältnisse im ganzen

---

[1]) De bell. gall. VI, 22.

inneren Germanenlande. Die Häuptlinge der centralasiatischen Nomaden würden genau ebenso zu ihren Leuten sprechen und die Ansiedelung widerrathen. Sie mahnen die Stammgenossen, dass sie nicht durch die Gewohnheit fester Sitze gefesselt die Neigung, Krieg zu führen, mit dem Ackerbau tauschen sollten; dass sie nicht weite Besitzthümer zu erlangen trachten möchten, weil dann die Mächtigeren die Aermeren aus ihren Besitzungen vertreiben würden; dass sie nicht durch festere Gebäude sich gewöhnen dürften, Hitze und Kälte zu meiden; dass nicht Begierde nach Reichthum entstehen möge, aus welcher Parteiungen und Streitigkeiten hervorgehen würden; dass durch die Anschauung der Gleichheit das Volk zusammengehalten werde, da jeder sein Vermögen mit dem der Mächtigsten ausgeglichen sähe. Dies sind gegenüber den uns hinreichend bekannten, in sich völlig zwingenden und dauernden Bedingungen des Nomadenlebens[1] im Wesentlichen Alles nur Scheingründe. In Wahrheit gilt der Ackerbau, den der Nomade nicht völlig entbehren kann, ihm gleichwohl als entehrende Knechtsarbeit. Der Wohlhabende und Mächtige entzieht sich ihm durchaus. Knechtschaft entsteht durch Verlust der Heerde, Reichthum an Vieh schafft Macht, Gefolge, Dienstleute und Sklaven. Für geliehenes Vieh sind bis 100 Procent Zins üblich. Dadurch besteht die Herrschaft der reichen Häuptlinge, solange das Nomadenleben fortgeführt wird. Sobald sich aber die ärmere Volksmasse entschliesst, die freie Lebensweise als Hirten und Jäger aufzugeben, sind die Grundlagen der Macht der grossen Heerdenbesitzer bedroht. Je nachdem Klima und Bodenverhältnisse dies leichter gestatten, wird die Gefahr näher liegen. In Gegenden, wie die mitteldeutschen, konnte es nur darauf ankommen, ob es gelang, die Ueberzahl und waffengeübte Uebermacht von einem solchen Entschlusse abzuhalten. War aber deren Macht und Erkenntniss so weit gewachsen, dass ihnen die feste Siedelung bewilligt werden musste, so war gleichwohl der besitzende Hirtenadel nicht alsbald gezwungen, sein altes Leben und seine alten Rechte aufzugeben. Jedenfalls that er dies nicht weiter als unumgänglich nöthig. Das forderten schon seine Heerden,

---

[1] A. Meitzen, Das Nomadenthum der Germanen und ihrer Nachbarn in Westeuropa. Verhandlungen des 2. Geographentages. Halle 1882.

sein einziger Reichthum. Es müssen also Ansiedelungsplätze im gemeinsamen Einverständnisse ausgeschieden worden sein. Streit konnte dabei entstehen, aber er musste zum Frieden entschieden sein, ehe die Ansiedelungen begründet werden konnten. So wenig der Nomade ohne Kriegsfall die nur seinem Auge erkennbare Grenze des fremden Weidereviers überschreiten darf, so wenig durfte zweifelhaft bleiben, wie weit die Ansiedler auf dem ihnen zugewiesenen Lande frei von den alten herkömmlichen Nutzungen des gemeinsamen Volkslandes sein sollten. Ihre Kulturarbeiten und Wirthschaftseinrichtungen wären aussichtslos gewesen, wenn darin keine Grenze, kein sicheres Recht anerkannt worden wären. Die Ansiedler, die ja selbst alte Volksgenossen waren, werden auch ihrerseits noch mehr oder weniger Rechte an dem unbesiedelten Reste des Volkslandes behalten haben. Es konnte dies das Zweckmässigste erscheinen, um ihnen den Bedarf zu sichern und dennoch die Ansiedelungsbezirke möglichst zu beschränken. Auch wenn sich endlich alle Stammesgenossen ohne Ausnahme angesiedelt hatten, wird noch ein gewisser gemeinschaftlich zu nutzender Rest des Volkslandes übrig geblieben sein, als welchen wir mit gutem Grunde die gemeinen Marken ansehen. Diesen Rest behielten die noch verschiedenartig betheiligten Nutzungsberechtigten als Markgenossenschaften im Besitz.

Jede Ansiedelung muss also für ihre Theilnehmer eine grössere oder geringere, aber nothwendig hinreichend bestimmt abgegrenzte Flur erhalten haben, in der diese ausschliesslich berechtigt waren. So weit sie daraus Grundstücke unter sich zur privaten Kultur anwiesen, bildeten diese das Hufenland; soweit sie die Flur unvertheilt liessen, stand sie ihnen zu gemeinsamem Anrecht und Nutzung zu und bildete die Almende. Die Grösse der Hufe musste der Natur der Sache nach sich eigentlich als der verhältnissmässige Antheil bestimmen, welcher dem einzelnen Loosinhaber der Ansiedelung an der ganzen Flur, also an Kulturland und Almende zustand. Dies war indess nicht üblich, man sprach von der Hufe und ihrem Zubehör, ihren Anrechten. Darunter werden allerdings auch Markenrechte einbegriffen, welche dem Hüfener ausserhalb der Flur in benachbarten oder entfernteren Marken zustehen konnten. In der Hauptsache bezieht sich die Unterscheidung aber auf die Almende, und für die Grösse des Hufenlandes ergiebt sich in jedem Fall, dass es darauf ankam, wie weit die Vertheilung der Flur vorgeschritten war. In vielen Dörfern ist die Almende bis auf ganz geringe Angerreste völlig vertheilt worden. Hier und da kann dies, nach dem Charakter der Gewannlagen zu urtheilen, schon ziemlich früh geschehen sein. Gewiss aber erfolgte die Auftheilung nur nach und nach. Mit jedem neuen Gewann wuchs also die Grösse der Hufe.

Mancherlei Anzeichen sprechen indess dafür, dass diese Ausbreitung der Vertheilung und Kultivirung des Almendlandes eine gewisse Schranke am Bedürfnisse gefunden hat. Die alte Wirthschaftsführung hatte wegen der Schwierigkeit oder Unmöglichkeit einer auswärtigen Verwerthung der Produkte keine Veranlassung, das zu bearbeitende Kulturland über eine gewisse, wahrscheinlich schon früh erreichte Grenze auszudehnen. Nachdem die Anforderungen des Unterhalts für die Haushaltung erfüllt waren, entsprach gemeinsame Nutzung des Restes der Dorfgemarkung als Wald und Weide den bestehenden Wirthschaftszwecken und Lebensgewohnheiten leicht besser als ihre Theilung. Da nun alle berechtigten Dorfgenossen in die weitere Rodung und Auftheilung einwilligen mussten, waren Einsprüche zu Gunsten der bequemeren und üblich gewordenen Wirthschaft das Näherliegende.

Ueberdies traten auch früh schon andere Nutzungsberechtigte in Dorf und Almende neben den alten Hufenbesitzern auf und gaben der ursprünglichen Dorfverfassung eine veränderte Gestalt.

Einerseits war es der Nachwuchs der Bevölkerung, welcher sich in kürzerer oder längerer Zeit geltend machte, und dessen Versorgung als allgemeines Interesse erscheinen musste. Konnten die heranwachsenden Kinder und Enkel auch zunächst auf dem Hufenlande untergebracht werden, so bot doch die noch unvertheilte Dorfmark theils durch Rodeland, theils durch eingeräumte Nutzungsbefugniss gute Gelegenheit zum Ansässigwerden auf selbstständigen kleinen Stellen. Zugleich konnten dabei durch Hauszins, Hutgeld für eingetriebenes Vieh, Gräsereizins für Grasgewinn, Ackerzins für zur Kultur überwiesenes Ackerland Einnahmen zu

Gunsten der übrigen Wirthe oder Zubussen zu den öffentlichen Lasten gewonnen werden. Andererseits griffen in den meisten Ortschaften mit der Zeit Grund- und Gerichtsherrschaften in die Art der Verwendung der Almende ein. Sei es, dass sie selbst eigene Wirthschaft auf einer oder einigen Hufen im Dorfe betrieben, oder dass sie nur ein gewisses Obereigenthum und dementsprechende Aufsichts- oder auch Mitnutzungsrechte am unkultivirten Lande in Anspruch nahmen, die weiteren Auftheilungen waren gehemmt. Das Vorschreiten in die Almende konnte nicht mehr lediglich unter den Gesichtspunkten der Theilung zwischen der alten Hüfnergenossenschaft vor sich gehen.

Daraus ergab sich auch für das Hufenland eine veränderte Anschauung. Es erschien in seiner bis dahin erreichten Ausdehnung als geschlossen. Die Hufen im Dorfe waren durch das bisherige Verfahren der Gewanntheilung einander gleich. In jedem einzelnen Dorfe liess sich ihre Grösse durch Messung bestimmen; es war auch ohne Messung möglich, ihre Fläche nach der Aussaat oder einem Morgenmasse annähernd anzugeben. Aber in jedem Dorfe hing die Hufengrösse von der letzten unter den Hüfnern stattgefundenen Auftheilung in der Almende ab und war gewissermassen zufällig. Es bestand nur im Allgemeinen mit den Nachbardörfern und selbst mit entfernten Landschaften darin eine Uebereinstimmung und Ausgleichung, dass überall der Bedarf einer bäuerlichen Familie die Ausdehnung der vorgenommenen Kulturarbeit bedingt hatte. Bei ähnlichem Boden und ähnlicher Lebensweise konnte deshalb in mancher Gegend eine gewisse Grösse ziemlich verbreitet sein und als ein durchschnittliches Mass betrachtet werden, aber grosse Verschiedenheiten bilden die überwiegende Regel.

Wir wollen hier diese Hufe kurz als Volkshufe bezeichnen, weil Ortshufe oder Waitz's Ausdruck, altdeutsche Hufe, die gemessenen Hufen oder Landhufen einschliesst, und weil in der That ein ähnlicher Gegensatz zwischen Volkshufe und Königshufe besteht, wie zwischen Volksland und Königsland.

Mit dieser Volkshufe also steht jede Hufenart in innerlichem Gegensatze, welche von Anfang an aus dem Princip der Zutheilung von Land nach Mass, nach einem gewissen feststehenden, durch bekannte Normen beweisfähigen Massstabe hervorgegangen ist.

Es ist nicht durchaus vorauszusetzen, dass jeder Landes- oder Grundherr das Land, das er an freie oder eigene Leute verlieh, nach Landmassen vertheilt habe. Er konnte es ihnen wie eine Flur der ältesten Zeit nach Ueberschlag im Ganzen abtreten und ihnen überlassen, sich darauf nach althergebrachter Sitte als Hüfner einzurichten. Dann mussten Volkshufen entstehen, die von denen des alten Volkslandes nur durch das Hofrecht zu unterscheiden waren.

Der Grundherr konnte auch nach Grösse und Lage willkürlich gewählte Grundstücke an die einzelnen Beliehenen gleichzeitig oder nach und nach weggeben, und da die Vergebung nach Hufen der Sitte und dem Bedürfnisse entsprach, gewisse Komplexe mit gleichen Lasten belegen und als Hufe ansprechen. Daraus lassen sich am einfachsten die in eigenthümlich unregelmässigen, untereinandergewürfelten Blöcken und Streifen liegenden Feldfluren erklären, welche als Weiler und Dörfer in Oberdeutschland und namentlich im südöstlichen Bayern, auf der rauhen Alb und in den Schwarzwaldgegenden eine nicht geringe Verbreitung haben und in dem Masse ihrer Hufen erheblich schwanken.

Einzelne Grundherren haben aber auch schon ziemlich früh verliehenes Land unzweifelhaft durch Messung in Hufen vertheilen lassen. Beispiele dafür führt Waitz aus älterer Zeit auf, wie: hoba legalis, Trad. Frising. Nr. 1093 (S. 467), Nr. 1112 (S. 471), mansus legitimus, Bréquigny II, S. 346, hoba legitime dimensa, Trad. Sangallens (S. 363) Nr. 9, hoba plena et legitime mensurata, ebenda (S. 322) Nr. 5, hoba pleniter emensa (S. 336) Nr. 29, hoba plena ebenda (S. 286) Nr. 86, (S. 331) Nr. 22, (S. 363) Nr. 9. Lacomblet I, S. 5, mansus plenus, Tradit. Patav. Nr. 72. Tradit. Ratisbonens. S. 49, und: quid quid in illa mensura proprietatis habes in villa, Tradit. Fuld. S. 288. Von allen diesen Erwähnungen geht indess keine über das 8. Jahrhundert hinauf und alle liegen auf Gebieten, auf welchen eine Gutsherrschaft, meist eine geistliche, bestand, die auf zum Theil schon sehr alten Verleihungen beruhte und seit lange Land weiter verliehen hatte, so dass ihr auch früher Verliehenes wieder als Stiftung oder bei Eigengabe überlassen werden konnte.

Aus dieser Entwickelung der Verleihungen auf den Gebieten der Landesherren, und ihnen untergeordneten geistlichen und weltlichen Grundherren, ging die planmässige Anwendung gemessener

Hufenanlagen hervor, welche mit dem ersten Beginn der gedachten Colonisation der Slawenländer ohne Ausnahme als die selbstverständliche auftritt. Wo seit Karl dem Grossen auf Slawenboden der Hufen Erwähnung geschieht, sind es Hufen eines bestimmten Masses. Es fand auch eine wirkliche Feststellung der Grenzen nach dem geforderten Masse statt. Dass sie nicht immer genau war, ist nicht zu bezweifeln. Wo die Anweisung in Bergwäldern vorgenommen werden musste, wissen wir, dass es gelegentlich durch Feuer an gewissen Grenzpunkten geschah, auf deren Rauch man von den Wasserläufen im Thale aus zuschritt[1]). Die Linien wurden an den Stämmen angezeichnet und die nöthigen Flächen dann nach Schritten oder Seilen berechnet. Die zugänglicher gemachte Anlage wurde später vom Grafen oder einem dafür abgeordneten Beamten umritten oder umgangen und danach Grösse und Grenzen geordnet. Im 13. Jahrhundert wird bei den Dorfanlagen rechts der Elbe sehr häufig erwähnt, dass die erste Abgrenzung nur als eine vorläufige erachtet wurde und eine spätere genaue Nachmessung vorbehalten blieb, welche die Hufen auf das ihnen planmässig zukommende Mass brachte und in der Regel für den Grundherrn noch einige überschiessende Grundstücke erübrigte, welche Gegenstand weiterer Verleihung wurden.

Die Formen dieser Hufenanlagen der Colonisationsgebiete sowohl in grossen und ausgiebigen Gewannen, als in Marschhufen und Waldhufen lassen sich alle auf gewisse anfängliche Versuche in Oberdeutschland, in den Niederlanden und in Mitteldeutschland wenigstens bis in das 8. Jahrhundert zurück verfolgen. Sie kamen schon bei dem Vorschreiten der Rodungen in die landesherrlichen und gutsherrlichen Waldungen und bei den Gründungen geistlicher Stifter in der Karolingerzeit in Aufnahme. Manche zeigen bereits die genaueren Masse der Colonisationsanlagen, andere, z. B. die ältesten Waldhufen des Odenwaldes in Gummelsbach und den Nachbarthälern, erscheinen noch unentwickelt und für den Unternehmer unwirthschaftlich.

Mit den letzten Karolingern beginnt auch die Gestaltung der territorialen Landeshoheiten und ist um 1200 bereits zur festen

---

[1]) Cod. dipl. Siles IV, Einl. S. 77. — Liber fundationis Hinrichov. S. 51.

Ordnung der Verwaltung wenigstens auf dem Gebiete des Rentei- und Kammerwesens gelangt.

Für diese bildeten die Volkshufen eine sehr unbestimmte Grundlage. Auch waren sie bereits vielfach durch Almendeland vergrössert und mit ihm gemischt, andererseits im hohen Grade zerstückelt, und zwar nicht allein in aliquote Theile zerlegt, sondern durch die massenhaften Veräusserungen und Vererbungen einzelner Morgen, welche die Urkunden von der ältesten Zeit an nachweisen, auch in ungleichen Besitzstand gerathen. Althergebrachte Hufenzinsen und Belastungen blieben zwar im Wesentlichen erhalten, wie der vielfach auf unsere Zeit gekommene Bestand des Königszinses, Königshafers, der Ostarstuofa und anderer von Karl dem Grossen auferlegten Lasten erweist. Andererseits aber gab der fast allgemeine Untergang der Gemeinfreien, die Ausbreitung der Meierverhältnisse und die Besetzung kleiner Stellen in dieser Zeit Veranlassung zu Neuordnungen verschiedener Art.

Daher ist erklärlich, dass bei der ausgebreiteten Uebung in der Messung, welche die Colonieanlagen zeigen, auch bei den landesherrlichen Verwaltungen schon im 13. Jahrhundert die sogenannten Landhufen üblich wurden. Es werden im Sinne landesherrlicher Verordnungen oder amtlich bindender Kammervorschriften für ein gewisses Gebiet gleichmässig geltende Grundstücksmasse in Anwendung gebracht, welche in der Regel an die Elle oder an den Fuss der Stadt angeschlossen waren, welche den Hauptmarktplatz des Territoriums bildete, und vom Fusse aus Ruthe, Quadratruthe, Morgen und Hufe im Flächeninhalt bestimmten. Theoretische Principien sind in diesen Massgrössen schwerlich aufzufinden, denn die städtischen Grundmasse entstanden autonom oder durch Uebertragung im Verkehr, und, nach dem Verhältniss der Hohlmasse zu schliessen, folgten sie häufig dem Grundsatze, dass zur Erleichterung des Absatzes das Mass der Hauptwaaren am Einkaufsorte grösser war als am Verkaufsplatz, so dass der Ausgleich für Verlust und Kosten nicht lediglich auf den Preis fiel.

Diese Landmasse sind beim Uebergang der Territorien in die Gebiete grösserer Staaten häufig durch deren Masse ersetzt worden. Auch haben alle modernen Staaten verbesserte Mass- und Gewichtsordnungen erlassen und für feldmesserische Arbeiten häufig besondere, die Berechnung erleichternde Längen- und Flächenmasse vorgeschrieben. Vielfach aber haben sich die örtlichen Verschiedenheiten der Landhufen und der Landmasse überhaupt, ebenso wie die der Volkshufen, in der buntesten Mannigfaltigkeit bis in unser Jahrhundert fortgepflanzt und für die obenerwähnten Verzeichnisse und Reductionsmassstäbe alter Längen- und Flächenmasse den Hauptstock gebildet.

Frägt man nun aber, woher im frühen Mittelalter die Massverhältnisse für gemessene Hufen, für genaue Bestimmung von Flächengrössen der verliehenen Grundstücke genommen worden sind, so kommt in Betracht, dass das Bedürfniss zunächst bei der Vertheilung des eroberten Landes auf kelto-römischem Boden entstand, dass also die zu allgemeiner Geltung entwickelten römischen Masse dafür zu Gebote standen.

Der römische Fuss, die pertica zu 10 Fuss, der actus (oder actus major) zu 12 perticae lang und 12 perticae breit und das jugerum von 2 actus, also von 28800 römischen ▢Fuss, waren in allen Gegenden Süddeutschlands, Rheinlands und Frankreichs bekannt und durch erhaltene, hinreichend richtige Normalmasse gesichert, die aus dem römischen Verkehr herrührten und von der grossen Zahl südländischer Geistlicher leicht immer wieder beschafft werden konnten.

Indess werden zwar die Namen Pes, Pertica und Jugerum in der That vielfach gebraucht, gleichwohl erscheinen schon in den ältesten Urkunden häufiger jurnalis, diurnalis und virga als übliche Masse. Dass dies nicht lediglich Unterschiede der Ausdrucksweise sind, ergeben die Massverhältnisse. Es ist offenbar auffallend, dass sich das römische Mass nirgends auch nur annähernd in Süddeutschland oder Frankreich als Landesmass erhalten hat.

Der römische Fuss hat die Länge von 0,296 Meter. In Süddeutschland sind allerdings sehr kleine Fussmasse verbreitet, aber sie gehen noch erheblich unter den römischen herab; das bayerische Fussmass ist = 0,292 Meter, das württembergische sogar nur 0,286. Die Ruthenmasse sind 10-füssig, das Morgen- oder Tagwerkmass ist dagegen meist 400 ▢Ruthen gross, deshalb umfasst es in Bayern 34,07, in der Schweiz 36,00 Ar, während das römische Jugerum 28,36 Ar enthält.

Im Rheinland und Frankreich dagegen ist der Fuss grösser. Der rheinische hält 0,314, der Pariser 0,325, auch der englische Fuss ist 0,305. Dabei hat die rheinische Ruthe 12 Fuss, die Pariser 18 Fuss, die englische rod 16½ engl. Fuss. Der rheinische Morgen umfasst 180 ☐Ruthen, also 25,53 Ar, der Pariser Arpent 100 ☐Perches, also 34,19 Ar, der englische acre 160 rood, also 40,46 Ar. Alle diese Masse haben gegen ihre älteren Verhältnisse im Laufe der Zeit durch genauere Festsetzungen einige Veränderungen erfahren, eine Reduction auf römisches Mass gestatten sie aber in keiner Weise, auch wenn man sie um gewisse Grössen verkleinert oder erhöht.

Der Grund kann nicht in Abneigung gegen das römische Mass, sondern nur in der praktischen Anwendung gesucht werden.

Es ist oben schon erwähnt, dass sich bereits zu Columella's Zeit neben dem jugerum der aripennis in die römischen Masse eingeführt hatte, den Columella als vocem gallicam bezeichnet. Er galt wie der Actus als semijugerum. Aber Papias[1]) sagt von ihm: aripennii agri illi dicuntur, qui non in toto quadrati, sed in longo sunt. Man theilte also, wie es scheint, das jugerum von 2 ☐Actus nicht in je einen quadratischen Actus, sondern als ein Oblong der Länge nach in 2 Streifen von 6 perticae Breite und 24 perticae Länge. Der römischen Sitte entsprach es nun, das Ochsengespann den römischen schweren Hakenpflug nicht länger als 12 Ruthen weit ziehen zu lassen. Plinius (Hist. nat. 18, 33) definirt die Länge des Actus von 12 perticae: Actus in quo boves agerentur cum aratro uno impetu justo, und Columella (2, 2, 27) sagt noch deutlicher: sulcum autem ducere longiorem, quam pedum CXX, contrarium pecori est, quoniam plus aequo fatigatur. Die Hitze und die schweren Kalkböden Italiens mögen dies rechtfertigen. Nördlich der Alpen waren 35,5 Meter offenbar schon in ältester Zeit ein zu geringes Mass für ein Gewende. Als aber der Räderpflug mit Streichbrett das übliche Ackergeräth wurde, wurden die Gewende nothwendig erheblich länger, selbst wenn noch lange Zeit Ochsen das Gespann blieben.

---

[1]) Um 1063, Elementarium doctrinae rudimentum. Du Cange, Praefat. XLIX. Vgl. unter arapennis.

Dieses Bedürfniss längerer Ackerstücke spricht sich auch in der lex Bajuwariorum aus. Tit. I, c. 14, 2 kennt, wie die lex Wisigotorum das arpentum, welches dem aripennis entspricht. Indess wird es als Wiesenmass erwähnt. Als Ackermass aber braucht das Gesetz für alle Colonen der Kirche die andecinga legitima und sagt: hoc est perticam decem pedes habentem, quatuor perticas in transverso, quadraginta in longo. Dass dabei Wiese und Acker keinen Einfluss übt, zeigt eine Urkunde des Adam Vicecom. Meldunens. (in Tabul, St. Victor. Paris. ch. 10) Simon miles de Granges dedit medietatem decimae ejusdem Villae, et unam accingiam prati et unum arpentum terrae. Die andecingia war also ein Ackermass wie der aripennis, aber ebenfalls länger als breit, sogar 40 zehnfüssige Ruthen lang und nur 4 breit. Sind dies römische Perticae, wie hier wahrscheinlich ist, so enthält die Andecinga 16,000 □Fuss, während der Aripennis nur 14,400 umfasst. Indess weist Du Cange eine Anzahl Stellen nach, aus denen hervorgeht, dass es auch eine pertica ancingalis gab, die im nördlichen Frankreich gebraucht wurde; z. B. dedit Episcopus juxta murum castelli aream habentem in longo perticas ancingales novem et per latum perticas octo; und 919: Emit pratum unum habens in longum perticas ancingales 65 et in latum perticas 32 (Chronic. St. Benigni. p. 422); ebenso 907: Concessimus de terra adjacente in longo perticas legitimas ancingales 8 et in transverso 2 (Tabular. Benignian. ap. Perardum. p. 55). Auch für den Aripennis giebt Du Cange unter Arapennis aus den ältesten Coutumes verschiedener Theile Frankreichs sehr abweichende Masse sowohl in der Fläche überhaupt, als in der Ruthen- und Fusszahl an. Es wird also die Andecinga ebenso wie der Aripennis auf gallischen Massen beruhen, welche örtlich, wie der Morgen und die Landhufe in Deutschland, nach Umständen erheblich abweichen konnten, und nur durch Anschluss an das römische Reichsmass eine allgemein erkennbare Bestimmtheit zu erlangen vermochten. Doch werden sich dieselben grade in dieser bestimmteren Anwendung ebenso wie die römischen Masse selbst nur ausnahmsweise nachweisen lassen.

Man würde deshalb dem älteren Messungswesen ziemlich rathlos gegenüber stehen, wenn sich nicht im fränkischen Reiche, nachdem es unter Karl nahezu wieder die Grenzen des römischen

Weltreiches umfasste, Spuren eines allgemein verstandenen Landmasses fänden, welches unter den sächsischen und fränkischen Kaisern durch mehrere Jahrhunderte im öffentlichen Dienste gebraucht wurde. Es ist nicht erkennbar, dass ein solches festes, ohne unmittelbare Anknüpfung an die Oertlichkeit deutliches Mass schon unter den Merowingern im Gebrauch gewesen sei, und es würde ein solcher Mangel nur dazu beitragen können, den schnellen und fast vollständigen Verlust der Krongüter, welchen Chlotar beklagt, leichter zu erklären. Für die strenge karolingische Centralverwaltung war die Anwendung solcher Masse gar nicht abzuweisen.

Ohne Zweifel fiel dem fränkischen Könige zu jeder Zeit eine nicht unbeträchtliche Zahl Güter zu, welche in festen Grenzen lagen. Rückfällige Lehne, Confiscationen wegen Aufruhr, wegen Verbrechen, wegen Landesflucht, herrenlos und unbeerbt gefundene Besitzungen waren, je unruhiger die Jahre verliefen, desto sicherer zu erwarten. Grössere Güter aber hatten ihren Namen, und einzelne Hufen waren durch die Ortschaft und ihre Zahl hinreichend sicher bestimmt. Wenn sie der König einem neuen Berechtigten überwies, konnte der Graf oder sein Schultheiss nicht zweifelhaft sein, um welche Besitzthümer es sich handle, und wie im Streitfall ihre Grenzen festzustellen seien. Alle diese Fälle bedurften also keines Masses, und es würde nur zu Irrungen führen, wenn man annehmen wollte, bei jeder Verleihung sei ein allgemeines Landmass angewendet oder vorausgesetzt worden.

Aber es zeigt sich, dass ein gewisser Kreis königlicher Schenkungen und Zuwendungen an bekannte oder überhaupt an bestehende Grenzen in keiner Weise anknüpfen konnte. Der König war in Aachen oder auf entfernten Hofhaltungen in irgend einem Theile des Reiches, die Anforderungen, erfolgreiche und muthige Dienstleistungen, bezweifelte Treue oder finanzielle Hilfen, Vorschüsse und Zusagen zu belohnen oder zu begleichen, liefen indess aus allen Provinzen ein, und immer war das fiskalische Land das einfachste und schnellste, durch eine einzige Urkunde flüssig gemachte Zahlungsmittel. Dieses Land bildeten vom Kriege verwüstete Einöden oder weite, kaum berührte Waldungen in wenig bekannten entfernten Landstrichen. Die Schenkungen geschahen vielfach, um überhaupt erst Zugänglichkeit und beginnende Kultur zu schaffen. An eine vorherige Feststellung der Oertlichkeit oder der näheren Umstände der Lage konnte nicht gedacht werden, darüber wären bei der Art der Communication und den grossen Entfernungen Jahre vergangen. Deshalb blieb nichts anderes übrig, als ein Flächenmass, und zwar ein ziemlich ausgiebiges, anzugeben und den Grafen des Bezirkes anzuweisen, dasselbe an dem genannten oder erbetenen Orte zur Zutheilung zu bringen.

Ausdrückliche Verordnungen über die Grössenverhältnisse eines solchen Flächenmasses sind nirgends bekannt. Seine Anwendung aber darf in der sogenannten Königshufe, dem mansus regalis, gesehen werden.

Die erste ausdrückliche Erwähnung der Königshufe findet sich im Capitulare secundum de justitiis faciendis ex lege Salica, Romana et Gundobada von 813, unter der Weisung XIX de villicis quid facere debeant. Sie sagt: ut villicus bonus, sapiens et prudens in opus nostrum eligatur, qui sciat rationem Misso nostro reddere et servitium perficere; prout loca locata sunt, aedificia emendent, nutriant porcos, jumenta, animalia, hortos, apes, aucas, pullos, vivaria cum piscibus, vennas, molina, stirpes, terram aratoriam studeant femare; in forestis mansum regale, et ibi vivaria cum piscibus, et homines ibi manent. Dem Eingange nach gilt sie für die Missi des ganzen Reiches und setzt nothwendig voraus, dass die villici wissen, was ein mansus regalis ist, oder dass ihnen wenigstens die missi davon überall und einfach Kunde zu geben vermögen.

Eine vielleicht ältere Nachricht bezieht sich auf ein Registrum prumiense von 893, welches der Exabt Caesarius von Prüm, später von Heisterbach, 1222 mit den Worten commentirt: notandum est, quod in libro isto sepissimum mentio fit de quatuor generibus mansorum, id est de mansis servilibus, de mansis ledilibus, de mansis ingenualibus, de mansis absis. Mansi ingenuales sunt, qui jacent in Ardenna, id est Osclinc, in qua terra jacet Alve (Bleialf) et Hunlar (Holler) et Vilantia (Vilance); quilibet istorum mansorum habet CLX jurnales terrae, quos appellamus vulgariter Kunihkgeshuve. Die Gegend des Oscling oder Isling in der Eifel ist nicht unbekannt; sie umfasst, wie Lamprecht[1] zeigt, die Bürgermeistereien Neuer-

---

[1] Lamprecht, Wirthschaftsleben im Mittelalter Bd. I, S. 349 und II, S. 625, Note 1; Baersch, Statistik S. 7; Beck, Statistik I, 144; Cod. Salm. 212 (1373).

burg, Karlshausen, Koxhausen, Lahr, Geichlingen, Ammeldingen, Weidingen, Outscheid, Seffern und die Gemeinden Bauler, Falkenstein, Waldhof und Keppershausen. Sie gehört grossentheils zu der ursprünglichen Dotation der Benediktiner-Abtei Prüm, welche 720 von Bertrada aus dem Hause der Merowinger gestiftet und 763 von Pipin auf Bitten seiner Gemahlin Bertrada, einer Enkelin der Stifterin, erneuert wurde. Die gesammte Eifel wird bei der Stiftung von Prüm als noch durchaus von schwer zugänglichen Waldungen bedeckt beurtheilt [1]). Die gedachten Mansi ingenuiles sind als Schenkungen von Königshufen Seitens des Königs an Freie anzusehen, welche sie nach 720 zur Rodung erhielten und vor 893 dem Kloster übergaben. Es ist dabei völlige Freiheit der ursprünglichen Besitzer dieser Mansi regales nicht nothwendig anzunehmen. Die Freiheit vertrug sich, wie die Ansetzung Freier durch Karl den Grossen in Westfalen zeigt, auch mit Zinspflicht. Andererseits ist keineswegs vorauszusetzen, dass überall, wie hier, die Mansi ingenuiles auch Mansi regales gewesen seien. Dies konnte auf ganz singulären Verhältnissen beruhen. Wohl aber lässt sich wahrscheinlich ein 835 in Osseritze [2]) (Osweiler ¼ Meile SO Echternach) erwähnter Mansus ingenuilis hierher ziehen, weil Osweiler an den Prümschen Besitz anstösst.

Dass aber zu jener Zeit der Mansus regalis keinesweges auf den karolingischen Hausbesitz in den Ardennen beschränkt war, beweist die Corvey 838 von Ludwig [3]) bestätigte Schenkung Osthoven, Opphenheim und Wachenheim cum manso regali Tyheyle in Westfalen (?), die Erwähnung von 20 Mansi regales um 860 zwischen Zöbern und Spreitzbach (Spraza) bei dem alten römischen Savaria im Salzburgischen [4]), und von einigen solchen Hufen bei Oedenburg in Ungarn [5]), ferner von 3 Mansi regales des Königshofes in Richenburg an der Save aus dem Jahre 895 [6]). Ebenso sind 912 3 hobae regales bekundet, welche König Konrad an Fulda als quasdam res

---

[1]) Lamprecht I, S. 94 ff.
[2]) Mittelrheinisches Urkunden-Buch II, 21.
[3]) Erhard, Cod. dipl. Westfal. Urk. 11.
[4]) Boczek, Cod. dipl. Moraviae Bd. I, S. 53.
[5]) Invavia 95.
[6]) Monum. boica 31, 1, 98 und 30, 98.

juris nostri in loro Helmericheshusa im Grabfelde gab[1]), und in dieselbe Zeit werden 4 regales mansi gehören, welche die ecclesia Ratisponensis an Fulda schenkte [2]).

Bald darauf werden die Erwähnungen sehr häufig:

937, 1 hoba regalis in Nivunchiricha in pago Nahgowe (Kremer, Or. Nass. 2, 43);

942, 8 mansi regal., ebenda in forasto nostro Wasago nominato (Schannat, Hist. Wormat. 2, 18);

945, 6 regal. mans. inter Basenbahc et Richenbahc in forasto nostro Lutara (um Kaiserslautern) durch Otto I. (Mittelrheinisches Urkundenbuch I, 182);

950, 15 regal. huobas in Affeldrahe, Effeltern, östl. Sonnenberg in Franken (Dronke, Trad. Fuld. II, 325);

970, 50 regal. mans. auf einem Hofe Otto II. Niedernhof im Salzburgischen, ubicunque placuerit sibi mensurandos (Nachrichten von Juvavia S. 187);

978, 10 regal. mans. in Zuchau in Zitici (bei Oschatz); (Copiar des Staatsarchivs zu Magdeburg; Codex Anhalt.; Lenkfeld, Beschreibung des Klosters Kelbra 240);

978, 30 regal. mans. in pago Grimmerslevo (Budizco, Prudna, Catizi, Popowice) Grimmersleben an der Saale (Lenkfeld, Beschreibung des Klosters Kelbra 240; Schultes, Directorium I, S. 102);

979, 6 regal. mans. zwischen Erlaf und Ips bei Wieselburg (O. Kämmel, Salbuch von Gottweih 240);

980, 6 regal. mans. bei oppidum Cobelenze von Adalbert v. Mainz (Trad. Fuld. Nr. 329);

993, 6 regal. mans. schenkt Otto III. in foresto nostro inter Kebereshcim et Wieselenbahc in pago Nahgowe (Stumpf, Acta imp. Nr. 240);

993, 12 mans. regal. schenkt Otto III. de nostra proprietate in villa Uglici (Oeglitsch) vocata et in burgwardo Cuskiburg (Keuschberg bei Merseburg, Cod. sax. reg. I, 273);

993, 3 mans. regal. in villa Gangesdal an Hersfeld (Wenck, Hess. Landesgesch., 3. Urkundenbuch S. 35);

---
[1]) Dronke, Cod. dipl. Fuldensis N. 657; Schulte's Direktorium I, S. 48.
[2]) Browerus antiquit. Fuldenses lib. III, 11.

993, 6 Königshufen in Holzhausen bei Erfurt schenkt Otto III. (Lepsius, Gesch. der Bischöfe des Hochstifts Naumburg I, p. 179, 180);

996, 4 Königshufen erhält Nienburg in pago Nizizi, davon 3 im Burgwardo Suselzi, in den Dörfern Gohtzizi (Goldewitz) und Wissirobi (Wiersleben?) und 1 im Burgwart Plozike (Plotzkau, Anhalt), (J. H. Schultes, Directorium I, S. 119);

997, 1 Königshufe zu Lese in Wosthalmeshausen im Leinegau (Cod. saxon. reg. I, 278);

1002, 6 mans. regal. schenkt Heinrich II. de predio nostri juris in villa Buochbach bei Simmern (Mittelrh. Urkundenbuch I, 280);

1002, ad 100 mansos ex nostro jure, zu roden de silva, quae proxima est, schenkt Heinrich II. mit einem Gute in Oesterreich dem Ritter Pilgrim (Monum. boic. 28, 1, p. 294);

1003, 20 Königshufen bei Zerbst in Droganize (Trobnitz), Lirubusize und Uvize (Schultes, Directorium I, 131);

1017—1040, 5 regal. m. et 1 mansum tradit concambio juxta flumen Suechant (Schwechat bei Wien oder in Böhmen), (Boczek cod. dipl. Morav. I, S. 110);

1025, 50 mansos dedimus, qui ad nostrum jus regale pertinebant, sitos inter villam Frumanaha et inter fluvios Danubium et Maraha in comitatu Adalberti marchionis (Boczek, Cod. dipl. Morav. I, S. 110);

1029, 3 regal. mans. scilicet erbitten die Ministerialen von Weissenburg vom König juxta justitiam suam beneficium suum (Giesebracht, Deutsche Kaiserzeit 2[4], 709);

1031, 3 mans. regal. verleiht Conrad II. in villa Vetoovihi in pago Susali in comitatu Theodorici (bei Eulenburg), (Gercken, Cod. Brandenburg. IV, 357);

1035, 50 Königshufen zwischen Triesting und Piesting (am Wiener Walde) durch Heinrich II. überwiesen (O. Kämmel, Salbuch v. Gottweih 236);

1041, 10 mans. regal. nostrae proprietatis cum 10 Zmurdis schenkt Heinrich III. in Burgwardo Trebani in villa Tuchin

(Taucha bei Weissenfels), (Mader antiqu. Brunswic. Nr. 12,
p. 221; Schultes, Directorium I, S. 155);
1043, 500 regal. mans. mit einer Burg schenkt Heinrich III.
(Lenkfeld, Amt Gandersheim S. 99);
1045, 3 mans. regal. giebt Heinrich III. in villa Scutropei si
inibi fieri possit, sin autem in proximis locis in burchwardo
Guodizi (bei Meissen), (Schultes, Directorium I, S. 161;
Gercken, Cod. dipl. Brand. IV, 360);
1045, 15 areas in longum prope Danubium extensas et retro
has 30 regales mansos, contra Ungaricam plateam mensu-
ratos, et ab adjacente villa Stillefride ejusdem contiguis
terminis juxta Morahani areae 30 in longitudinem centum-
que regales mansos retro predictas areas contra Ungaricam
plateam respicientes schenkt Heinrich III. an Markgraf
Sigfried (Boczek, Cod. dipl. Morav. I, 119);
1055, 3 mans. regal. in Morriberg silva marchia Bohemiae
schenkt Heinrich III. (Gersdorf, Cod. dipl. sax., Urkundenbuch Meissen);
1066, 24 Königshufen in Gevanstedi (Giebstedt bei Weimar),
(Schultes, Directorium I, S. 179);
1068, 2 regios mansos sitos in villa Liubitowa (Löbtau bei
Dresden) schenkt Heinrich III. et si aliquid defuerit in
proximo cum bene aratis agris implendos in pago Nisani
(Schultes, Directorium I, S. 180; Gersdorf, Cod. dipl.
sax., Urkundenbuch Meissen);
1071, 8 mans. regal. in pago Milsca, sitos autem in villa
Goreliz verleiht Heinrich IV. an Meissen (Schultes,
Directorium I, S. 185, Cod. dipl. Lusat. sup. I, S. 11);
1106, 2 königl. Hufen im Forste Bockwitz vermacht die Gemahlin Wiprecht's von Groitsch der Kapelle zu Pegau
(Annales Pegaviens. VIII, 8);
1106 Erzbischof Friedrich von Bremen giebt Holländern
terram incultam paludosamque ad excolendum. Mansi
vero mensionem, ne discordia in posterum in populo habe-
retur, que mensio in longitudine septingentas et viginti
in latitudine vero 30 habet regales virgas cum rivulis
terram interfluentibus, quos eis simili modo concedimus,

hic inscribi necessarium duximus (Bremisches Urkundenbuch I, S. 28);

1136, 1 plenus regalis mansus est in Steinbach (bei Simmern), (Mittelrh. Urkundenbuch I, 488);

1148, 2 mans. regal. in Bohs (Boos bei Sobernheim), (Mittelrheinisches Urkundenbuch I, 552);

1211, Erzbischof Dietrich von Köln schenkt an das Stift Kerpen decimas novalium de silva Hanckenbusch in parochia Carpensi ad nos jure, quod Kunincxhuven dicitur, devolutas (Lacomblet, Urkundenbuch II, 38);

1221, das Kloster Andelach im Elsass erlaubt seinem Hospital ut excolebat de nemoribus sibi adjacentibus usque ad tres mansos, qui vulgo dicuntur Kunegeshuoben (Würdtwein in Nov. subs. dipl. XIII, p. 256);

1236, bei dem Hofe Winternwick, Kr. Moers wird gestattet: licet eadem novalia ad quantitatem centum et viginti jugerum, que vulgo regalis mansus dicitur, excrevissent (Lacomblet, Urkundenbuch II, 212);

1248, Erzbischof Konrad von Köln bestätigt Münstermaifeld decimas novalium in Witerche (Ober-Wichterich) et quas alias habent tam novatorum quam et jam novandorum, eingeschlossen die decimae novalium sive sint vel fuerint infra regalem mansum, qui vulgo dicitur Kuningeshuve, sive ultra, ad quamcunque quantitatem (Lacomblet, Urkundenbuch II, 336).

Diese Regestenreihe wird sich noch um eine gewisse Anzahl Erwähnungen namentlich aus niederländischen, belgischen und französischen und ebenso aus österreichischen Urkunden vermehren lassen[1]), immer würden ihre Angaben indess nur als schwache Trümmer der wirklich stattgefundenen Ansetzungen von Königshufen erscheinen können.

Aber sie beweist hinreichend, dass es sich dabei um zahlreiche, über alle Theile des grossen Reiches verbreitete Landschenkungen und Vergabungen handelt, welche auf Grund von Ausmessungen überwiesen werden sollen. Es ist mehrmals ausdrücklich ausge-

---

[1]) Die Königshufen finden sich noch häufig in späten steyrischen Zinsregistern.

sprochen, dass wenn an der dafür in Aussicht genommenen Oertlichkeit das nöthige Land nicht vorgefunden werde, es an anderer geeigneter Stelle in der Nachbarschaft aufgesucht und gegeben werden solle. Mehrere Urkunden, z. B. die von 970, 1002, 1045, 1068 besagen ausdrücklich, dass die Oertlichkeit nicht näher bekannt ist. Das Land für die meisten in Oesterreich genannten Königshufen, insbesondere auch für die 130, welche Markgraf Sigfried zwischen Donau und March zugemessen erhalten sollte, war erst ganz vor Kurzem in Besitz genommen, denn die Wiedereroberung Oesterreichs nach der Schlacht auf dem Lechfelde schritt sehr langsam vor[1]). Bis 972 war nur der Traesen erreicht, 1000 der Wiener Wald, und erst 1043 erkannte Ungarn die March- und Leithagrenze an. Mehrere andere weisen auf noch vorzunehmende Rodungen.

Dabei ist nicht zu bezweifeln, dass bei der wirklichen örtlichen Zuweisung und Abgrenzung je nach Umständen oberflächlich verfahren und manches sogenannte „Gottberath" oder auch geringwerthiges Nebenland über das richtige Mass dreingegeben worden sei. Aber Bestimmtheit über dieses richtige Mass muss nothwendig bestanden haben; ohne festes Mass hätten die Anweisungen überall zu Verlegenheiten und Streit führen müssen. Es muss sogar allen betheiligten Grafen und ihren Vertretern nicht blos im allgemeinen die Grösse der Königshufe vorgeschwebt haben, sondern die bestimmte Länge der Ruthe, der virga regalis, und, da ein jurnalis regalis oder ein jugerum regale nie genannt wird, die Zahl der nach Breite und Länge die Hufe bildenden Ruthen durchaus bekannt gewesen sein. Denn schon kleine Differenzen in der Länge dieser Ruthe oder des ihr zu Grunde zu legenden Fusses mussten durch die unvermeidliche Quadratur aus diesen Längen bei der ziemlich grossen Ausdehnung der Königshufe zu sehr beträchtlichen Unterschieden in der Gesammtfläche führen.

Die allgemeine Kenntniss von der Grösse dieses Königsmasses findet auch darin Bestätigung, dass mit alleiniger, leicht erklärlicher Ausnahme der Urkunde von 1106 keine einzige derselben für nöthig findet, das Mass anders als durch mansus oder huba regalis zu bezeichnen.

---

[1]) O. Kämmel. Aus dem Salbuche eines österreichischen Klosters

Dagegen können die beiden verschiedenen und sehr späten Angaben des Caesarius von Heisterbach von 1222 und des Erzbischofs von Köln 1236 nicht geltend gemacht werden. Caesarius rechnet den Bestand der Königshufen auf der Eifel zu 160 Morgen und der Erzbischof den Inhalt derselben bei Moers zu 120 Morgen; welches Morgenmass sie aber dabei zu Grunde legen, ist nicht ersichtlich. Der Unterschied aber lässt sich leider nicht näher verwerthen. Wollte man auf ihn die späteren Landmasse anwenden, so verschwindet er völlig. Da der rheinische Morgen 25,53 Ar, der kölnische aber 31,71 Ar gross ist, stimmen beide Angaben fast ganz genau überein, denn 160 rheinische Morgen sind 37,85 Hektar, 120 kölnische 38,05 Hektar. Daraufhin darf aber keineswegs behauptet werden, dass dies das wirkliche Mass der Königshufe gewesen sei. Dies wäre sogar sehr unwahrscheinlich, denn bei dieser Berechnung sind die gewöhnlichen Landmorgen verglichen. Nach der Urkunde von 1106 zeigt sich aber deutlich, dass die Grösse der Königshufe unzweifelhaft die gewöhnlichen Hufenmasse übertraf, denn sie wurde nur durch die Anwendung einer besonderen Virga regalis erreicht. Dadurch musste nothwendig ein von den örtlich üblichen Massen verschiedenes Mass entstehen, für welches anscheinend mit gutem Grunde niemals eine Reduktion auf ein allgemein gültiges königliches Morgenmass Sitte geworden ist. Durch eine solche Morgenrechnung wäre gegenüber dem örtlich durchaus verschiedenartigen, namentlich in älterer Zeit überall unbestimmten und wechselnden Morgenmasse nur Unklarheit und Unsicherheit entstanden. Der Zweck war mit einer gleichen Hufengrösse erreicht, und jeder Gegend konnte überlassen bleiben, ihren Anschauungen gemäss eine Reduktion auf Morgen irgend eines der Oertlichkeit entsprechenden Flächeninhaltes vorzunehmen.

Nach allen diesen Erwägungen bleibt für eine nähere Beurtheilung des Masses der Königshufe kein anderer Anhalt, als die Urkunde Erzbischofs Friedrich von Bremen von 1106, nach welcher mit den Holländern verabredet ist, dass ihnen ihre Hufen in Länge von 720 und in Breite von 30 regales virgae zugemessen werden sollen.

Die Urkunde ist allerdings nicht mehr im Original, sondern nur in einer Erneuerung von 1146 erhalten. Von dieser aber bestehen mehrere in schöner sorgfältiger Schrift geschriebene Abschriften, welche beide Zahlen deutlich in Buchstaben angeben. Man kann an der Richtigkeit des Masses um so weniger zweifeln, als die alte Urkunde, wie nicht mehr bestritten wird, die Gemeinde Vahr bei Bremen betraf, die Erneuerung aber offenbar damit zusammenhing, dass zu ihrer Zeit die Colonisation nach gleichen Grundsätzen über die weiteren Striche der der Stadt Bremen benachbarten Wesermarschen wieder mit Lebhaftigkeit aufgenommen wurde.

Schumacher's Rezension des Werks v. Borchgreve's »Ueber die niederländischen Colonien« (in dem Bremer Jahrbuche 1868, Jahrg. III, S. 208 ff.) und W. O. Focke, »Zur Kenntniss des Blocklandes« (ebenda), haben auf Grund der Urkunden und der Oertlichkeit das Fortschreiten der Anlagen eingehend gezeigt. Um 1142 wurden die Marschen links der Weser von der Geest bis zur Ochtum in den Orten Hasbergen, Ochtum und Sannau, und 1149 die weiter nördlich zwischen der Geest und dem Ollenfluss um die Orte Herspe und Berne belegenen mit Holländern colonisirt. 1157 wurden Utbremen, Hemmestrasse und Wasserhorst und 1158 die Niederungen von Weyhe, Brinkum und Hüchtingen angelegt. 1159 beschwerten sich die Bürger von Bremen schon, dass ihre Viehweiden beschränkt würden, weil rings um die Stadt die Bruchländereien zu Ackerbau hergerichtet worden seien, 1181 sind Ober-Neuland, Bockwinkel, Oberholz, 1183 Obervieland colonisirt, 1198 werden auch die holländischen Anlagen im Holnerland und juxta Lede (Lehe) erwähnt.

Es giebt eine leicht zugängliche, käufliche Karte von dem Gebiete der freien Hansestadt Bremen, welche nach trigonometrischen Messungen entworfen und nach den Katasterkarten von St. Thätjenhorst und A. Dautze bearbeitet, in der lithographischen Anstalt von G. Hunckel in erster Auflage 1851 erschienen ist. Sie ist später öfter revidirt worden. Die älteren Auflagen entsprechen dem Zwecke, die Anlagen in den gedachten Marschen in ihrer ursprünglichen Form zu erkennen, selbstredend verhältnissmässig am besten, indess auch die späteren sind dafür noch gut brauchbar. Bei dem Massstabe von 1:28,935 der wahren Länge sind die einzelnen Gehöfte und die Besitzungen zwischen verschiedenen Eigenthümern noch überall deutlich ersichtlich gemacht. Deshalb kann man darauf die Anlagen von Vahr, sowie alle genannten späteren in ihrer Lage und Abgrenzung und nach ihren Plänen im Einzelnen überblicken, und ihren übereinstimmenden Charakter überzeugend erkennen.

Es wird angenommen, dass bis 1206 die Eindeichung und Besiedelung der gesammten Wesermarschen um Bremen beendet war. Das Bild der Karte zeigt deutlich die zunächst der Stadt und auf dem Dünenzuge rechts der Weser belegenen alten Orte Hastedt, Schwachhausen, Walle, Gröpelingen, Orlebshausen und Grampke mit ihren zusammengedrängten Dorflagen und kleinen unregelmässigen Gewannen. Wo die Marsch beginnt, beginnen auch überall in schroffem Unterschiede die in langen Parallelen fortlaufenden Streifen der holländischen Marschhufen. Auf dreien ihrer Gebiete, Lehe, Wetterung und Nieder-Blockland, haben diese Streifen Längen, welche zwischen 3750 und 2850 Meter schwanken, in Vahr, Ober-Neuland, Babendamm, Wummensied ist ihre Länge durchschnittlich etwa 2200 Meter. Andere Lagen dagegen verlaufen in ihren Aussengrenzen so ungleich, dass sich die Streifenlängen von 2000 und mehr Meter bis zu 1000, ja bis zu 50 Meter verkürzen müssen. Daraus ergiebt sich, dass in einigen Streifenlagen die geforderte Länge von 720 Ruthen selbst dann vorhanden wäre, wenn die Ruthenlänge 5 Meter überstiege, dass dagegen bei den meisten Anlagen auch bei dem denkbar kleinsten Ruthenmasse die Länge von 720 Ruthen nicht aufgemessen werden konnte, diese Länge vielmehr durch Vergrösserung der Breite der Streifen oder durch Zuweisung mehrerer Streifen an verschiedenen Stellen ersetzt werden musste.

Leider ist in den Urkunden nirgends angegeben, aus wie viel Hufen sich eine der genannten Anlagen zusammensetzt. Da nun auch die Länge der Ruthe nicht bekannt ist, sondern erst gesucht werden soll, hat sich kein näherer Anhalt für die Ermittelung geboten, als die auf dem Marschengebiete mehrfach vorkommenden Bezeichnungen einzelner Abschnitte als Hufe oder als Hufen. Der bremische Katasterdirektor, Herr Lindmeier, hat sich der Mühe unterzogen, diese benannten Grundstücke auf den im Massstab von $1/2000$ der wirklichen Länge gearbeiteten Katasterkarten in ihrer Grösse zu berechnen.

Danach hat sich Folgendes ergeben:

Utbremer Marsch wird von der »obersten, mittelsten und untersten Hufe« eingenommen. Sie ist durch Wege quer getheilt und bildet 3 Hufen von zusammen 145,26 Hektar, jede enthält also 48,42 Hektar. In Mittelsbüren liegt ein klar abgegrenzter Abschnitt: »In der Hove«. Er ist 674 Meter gleichmässig breit, und mit unbedeutenden Schwankungen durchschnittlich 700 Meter lang, umfasst also 47,25 Hektar.

In Kirchhuchting liegen die sogenannten Vehrtel, 2 Streifen neben einander, jeder 1610 Meter lang und 74 Meter breit. Jedes dieser Viertel umfasst also 11,914 Hektar oder die ganze Hufe 47,66 Hektar.

In Lankenau findet sich als ein letzter Abschnitt der zusammenlaufenden Grenzen »die Hove« und anstossend »die Hovenkämpe«. Die Hove enthält 31,50, die Kämpe aber 16,80 Hektar, zusammen das ganze Gut 48,30 Hektar.

In Walle liegen in fortlaufenden Streifen »die Hufen und Hagen«. Das gut abgegrenzte Terrain ist 1070 Meter breit und 1105 Meter lang, also 118,23 Hektar gross. Es enthält 2½mal 47,28 Hektar.

Das Bavendammerfeld steuert als 6 Hufen zum Dammsiel und ist 286 Hektar gross, also 6mal 47,7 Hektar.

Der Durchschnitt der in dieser Weise mit zusammen 977,69 Hektar berechneten 20½ Hufen ergiebt für die Hufe 47,7 Hektar. 720 Ruthen lang und 30 Ruthen breit fordert für jede Hufe 21,600 ☐Ruthen. Die ☐Ruthe umfasst also 22,1 ☐Meter. Die Ruthe aber berechnet sich auf eine Länge von genau 4,70 Meter.

720 solche Ruthen sind 3384 Meter lang, 30 derselben 141 Meter. Solche Längen und Breiten der Hufenstreifen finden sich im Niederblockland noch mehrfach in einem Stück zusammen, in der Wetterung und in Lehe umfassen sie meist 4 neben einander laufende Stücke, davon jedes also eine Viertelhufe bildet. Vahr, welches in seiner südlichen Grenze leider unbestimmt ist, aber in seinen Streifenlagen ca. 618 Hektar Fläche umfasst, würde sich daraus auf 13 holländische Hufen berechnen.

Diese Feststellung der Flächengrösse der mit der virga regalis gemessenen holländischen Anlagen ist für die Bremer Marschen nicht anfechtbar. Für die allgemeine Frage nach den Massverhältnissen der Königshufen würde sie an sich aber allerdings wenig Beweisfähigkeit besitzen können. Vielmehr darf diese erst dann als hinreichend beantwortet erachtet werden, wenn sich auch anderwärts unter verschiedenen Umständen und in entfernten Gegenden dasselbe Mass als gebraucht erweist, oder wenigstens die näher zu ermittelnden Verhältnisse in keinem Widerspruche mit demselben stehen.

Für diese Ermittelung ist zunächst zu bemerken, dass die Urkunde von 1045 über 130 zwischen March und Donau zuzumessende Königshufen, welche am ersten, wie in Lamprecht's Deutschem Wirthschaftsleben Bd. I, S. 353 besprochen ist, eine feste Grundlage für die Form- und Massverhältnisse der Königshufen zu versprechen schien, in dieser Beziehung leider versagt. Es ist inzwischen gelungen, ihren Inhalt mit den örtlich bestehenden Flurverhältnissen durch Einsicht und Bearbeitung der Katasterkarten näher zu vergleichen. Dabei hat sich gezeigt, dass die mährisch-ungarischen Grenzgebirge, ebenso die mährisch-schlesischen, ein grosser Theil des böhmisch-mährischen Gesenkes und die Gegend von Politzka und Deutschbrod bis zur Iglau, ebenso auch einzelne Striche an der Kamp und auf dem Wienerwald von streifenförmigen Hufenanlagen bedeckt sind, von denen nicht ausgeschlossen ist, dass sich darunter Zuweisungen von Königshufen finden. Dagegen ist das gesammte mährische Tiefland und insbesondere das Marchfeld und die Ebene zwischen der Donau und der March durchweg von meist ziemlich grossen geschlossenen Dörfern besetzt, deren Felder weit ausgedehnte regelmässige Gewanne zeigen. Sie sind nur hier und da von einzelnen blockartig vertheilten Wald-, Wiesen- und Feldstücken unterbrochen, welche aus Almenden oder aus vereinzelten älteren Gütern und Bewirthschaftungsresten herzurühren scheinen. Wenn also der ausdrücklichen Weisung der Urkunde von 1045 entsprechend dem Markgrafen 15 Gehöfte an der Donau und 30 in der Nachbarschaft von Stillfried an der March, dazwischen aber in langen Streifen neben einander von der Donau bis zur March wirklich 130 Königshufen zugemessen worden sind, welche ein Terrain von mehr als einer Quadratmeile in Anspruch nehmen mussten, so ist sicher, dass dieselben entweder überhaupt nicht in dieser Form zur Bewirthschaftung gebracht oder später vollständiger Umgestaltung unterworfen worden sind. Letzteres ist sehr wahrscheinlich. Denn die Donau hat dort ihren Lauf wesentlich verändert. Der untere Lauf des Russbaches darf als das alte Donaubett betrachtet werden, und die 130 Königshufen müssen in der Richtung zwischen Stillfried und Markgrafenneusiedel ausgethan worden sein, wenn die Urkunde von 1045 überhaupt Sinn haben soll. Ungefähr in der Mitte dieses Terrains aber, wie es auch gedacht werden mag, liegt gegenwärtig das Dorf Tallesbrunn, eine abgerundete Flur von nur etwa dem 8. Theil der Gesammtfläche. Dasselbe kann, wie die Nachbardörfer, nach dem Charakter seines strassenförmigen Dorfplanes und seiner grossen wohlerhaltenen geradlinigen Gewannlagen nicht vor die Colonisationszeit des 13. Jahrhunderts gesetzt werden. Zudem ist Tallesbrunn, wie die Gewannnamen Sechsjochfeld und Langjochen ergeben, bereits nach einem Masse älterer Joche eingetheilt, die sich mit Bestimmtheit auf eine Grösse von 65,16 Ar berechnen lassen. Dagegen fehlt die Bezeichnung Ruthen gänzlich. Es muss also darauf verzichtet werden, aus der Urkunde von 1045 das Mass der Königshufe zu gewinnen.

Zu den übrigen weniger bestimmten, urkundlichen Angaben hat Lamprecht bereits die Auffassung Landau's[1]) als irrig nachgewiesen, die Königshufen seien stets, wie bei Bremen, in einem langen, zusammenhängenden Streifen zugemessen worden. Dieser Irrthum, den auch der Verfasser getheilt hat[2]), lag allerdings sehr nahe, so lange nur die vorhandenen Urkunden und das Bild derjenigen Fluren in Betracht gezogen wurde, über deren Eintheilung sich die Urkunden deutlicher aussprechen. Danach schien kein anderes Urtheil zulässig, als dass der mansus regalis dieselbe Bedeutung wie der mansus magnus, oder franconicus, die fränkische Hufe, Waldhufe oder Hagenhufe habe. Richtig ist auch, wie schon die obigen Regesten zeigen, dass der mansus regalis vorzugsweise eine Rotthufe ist, wie der mansus magnus. Aber die von Lamprecht durchgeführte, genaue topographische und urkundliche Feststellung der Oertlichkeiten im Mosellande, in welchen Königshufen

---

[1]) Landau, Territorien S. 21 ff.
[2]) Vgl. Meitzen, Ausbreitung der Deutschen (Conrad's Jahrbuch, Neue Folge Bd. I, S. 26 ff.).

vorkommen, hat die Vergleichung zahlreicher Kartenbilder ermöglicht, deren Ergebnisse Lamprecht unter verkleinerter Wiedergabe zweier dieser Bilder mittheilt [1]). Dadurch ist als unzweifelhaft erwiesen, dass die Zuweisung der Königshufen keineswegs an die Form der Streifen gebunden gewesen ist, welche die Urkunde über Stillfried von 1045 ebenso bestimmt bezeichnet als die über die Bremer Marschen von 1106. Die streifenförmigen Anlagen finden sich im Mosellande gar nicht vor. Vielmehr sind die hier ausgethanen Königshufen, soweit sich erkennen lässt, theils als Areale ausgewiesen worden, an denen mehrere Höfe in eigenthümlicher, nicht näher aufgeklärter Weise betheiligt wurden, theils als abgerundete Einzelhöfe.

Die Flur von Koxhausen gehört z. B. zu denen, welche, wie oben erwähnt, im Oscling liegen und von Caesarius von Prüm als mansi ingenuales mit der Bemerkung erläutert werden: quilibet istorum mansorum habet Cl.X jurnales terrae, quos appellamus vulgariter kuninkgeshuve. Die ganze Gemarkung von Koxhausen umfasst 2493,6 Hektar und zerfällt in 7 Weiler von 6 bis 22 Gehöften, von denen indess nur etwa 30 mit 10 Hektar und mehr Grundbesitz verbunden sind. Die Feldlagen aller dieser Besitzungen bestehen in ganz unregelmässig in der Nähe der Weiler gruppirten, blockartigen Acker- und Wiesenstücken, von denen nur ein geringer Theil durch Veräusserung an die kleinen Stellen zerstückelt ist. Ein Gesetz für diese Vertheilung oder ein Zahlenverhältniss zu finden, ist nicht möglich. Zwischen diesen 7 Weilern liegen 407,5 Hektar Weideflächen und 533,4 Hektar Wald, welche zwar an die einzelnen Besitzungen vertheilt sind, von denen es aber zweifelhaft ist, wann dies geschehen, und ob die Gesammtfläche oder nur eine nicht näher bekannte Rodefläche den ursprünglichen Königshufen überlassen worden ist. Dürfte man die Gesammtfläche als zu den mansi ingenuales gehörig ansehen, so würde dieselbe nach dem Masse von 47,7 Hektar ziemlich genau 50 Königshufen umfassen, eine Zahl, die, wie die Regesten zeigen, auch bei anderen solchen Anlagen üblich war. Will man Weide und Wald abziehen, so geht jeder Anhalt

---

[1]) Vgl. ebenda III, S. 352 Boos, Kreis Kreuznach und S. 358 Koxhausen, Kreis Bittburg.

für die Beurtheilung des Masses verloren, und es bleibt nur als feststehend, dass die Form der Anlage und Feldeintheilung durchaus den auch in Oberdeutschland sehr verbreiteten, anscheinend grundherrlichen oder doch aus der Hand eines einzelnen ursprünglichen Eigenthümers in willkürlicher Anordnung hervorgegangenen Weilern ähnlich ist.

Der Hanckenbusch bei Kerpen der Urkunde von 1211 ist gegenwärtig unter 3 Einzelhöfe, Hahnerhof von 67,15 Hektar, Haus Hahn von 21,19 Hektar und Haus Luersfeld von 85,10 Hektar, vertheilt, umfasst also zusammen 173,34 Hektar Fläche. Will man annehmen, dass das Buschland, auf dem diese 3 Höfe begründet sind, ursprünglich 3½ Königshufen betragen habe, so würde jede derselben sich auf 49,5 Hektar berechnen. Bei dem Mangel jeder näheren Nachricht steht indess auch hier nur das fest, dass die gedachten Königshufen in einem geschlossenen Waldterrain vergeben worden sind, welches nicht in Streifenform zertheilt wurde.

Die Flur von Boos[1]) lässt ein bestimmteres Urtheil zu. Auch hier besteht gegenwärtig ein fast dorfartiger Weiler von 59 Wohnhäusern und die Flur ist völlig und fast durchweg gewannähnlich parzellirt. Ihre Aussengrenzen erscheinen sicher, denn die das Thal ausfüllende Flur ist von steil ansteigenden Bergen eingeschlossen und die umliegenden Gebirgsforsten gehören ihr nicht an, sie schneiden überall scharf gegen dieselben ab. Die Urkunde von 1148 nennt nun einen Besitz von 2 mansi regales in Bohs[2]). Nach einer Urkunde von 1128 schenkt auch unter Willegis von Mainz dux Cuno de Berkilheim an das Stift Dissibodenberg duos mansos a colonis possessos in villa Boys[3]). Es ist also anzunehmen, dass Boos aus 2 mansi regales, die schon damals an Colonen vertheilt waren, bestand. Die Grösse der Flur ist, nach dem Abzug von 15,06 Hektar Wasser der Nahe, 99,85 Hektar gross. Jeder mansus regalis würde also 49,92 Hektar enthalten.

Von dem, dem Mittelpunkte der karolingischen Verwaltung entfernteren Vorkommen von Königshufen sind die zu Effeltern in Franken am frühesten und ausführlichsten bekundet. Cod. dipl.

---

[1]) Lamprecht a. a. O. I, 352.
[2]) Mittelrheinisches Urkundenbuch I, 552.
[3]) Ebenda I, 46.

Fuldensis [1]) besagt unter: Cambium inter Popponem Episcopum et Hadamarum abbatem, dass von Fulda eingetauscht sei: In Affeldrahe regales huobas XV, XXV jugera arearum, quercini nemoris XIV hobas et XL jugera. Dies Affeldrahe ist Effeltern, östlich von Sonnenberg, nördlich vom Kloster Banz, nicht das westlich von Sonnenburg im Hildburghausenschen belegene. Da die Gegend östlich der Ilz und der Linie des limes sorabicus liegt, muss sie zu Karls des Grossen Zeiten noch im Besitz der Slawen gewesen und 805 mit ganz Oberfranken dem fränkischen Reiche einverleibt worden sein. Der gedachte Tausch fand zwar erst 950 statt, da aber damals schon die Aecker und Waldungen bis auf die einzelnen Morgen bekannt sind und unterschieden werden, kann nur von einer bereits völlig bewohnten und eingerichteten Ortschaft die Rede sein, und die Anlage reicht jedenfalls viel früher zurück. Die Art der Anlage ist die, dass deutlich 30 Gehöftstellen um einen langgestreckten Dorfanger liegen, und jede dieser Stellen ihren Hauptbesitz in der, den Waldhufen entsprechenden Form vom Gehöft aus auf der Südseite des Dorfes bis zur Grenze, auf der Nordseite bis zu gleicher Entfernung zugewiesen erhalten hat. Da aber im Norden und auch auf der Westseite der Streifenlagen noch ackerbares Land besteht, ist im Norden ein grosses und seitwärts ein kleines Gewann angelegt, in welchen bis zur Gegenwart noch die meisten Stellen Antheile besitzen. Nach Norden und Osten stösst ein grosser, gegenwärtig fiskalischer Forst an die Aecker, in welchem indess die weit verbreiteten Wiesen an den Wasserläufen den Dorfinsassen zugetheilt sind. Der Umfang der Gemarkung, welche rings von fremden Besitzungen umschlossen war, umfasst 1438,73 Hektar. Es sollen 15 hobae 25 jugera arearum und 14 hobae 40 jugera quercini nemoris, zusammen also 29^{85}/$_{120}$ Hufen vorhanden sein. Die Hufe zu 47,7 Hektar angenommen, giebt dies 1407,2 Hektar. Es fehlen also nur 31,5 Hektar, welche schon erreicht werden, wenn die Königshufe statt nur mit 47,7 Hektar mit 48,7 Hektar in Ansatz gebracht wird. Die 30 Gehöfte zeigen, dass jeder Colone eine halbe Königshufe erhielt, und der Besitz von 24 Hektar ist trotz verschiedener Veräusserungen und Dismembrationen noch heute bei 6 Stellen vorhanden,

---

[1]) Dronke 1850, S. 325.

und wegen der charakteristischen Lage der Besitzstücke für die meisten anderen in seinem alten Bestande noch nachweisbar. Der Revierforst enthält gegenwärtig 825 Hektar, also 17 Königshufen, er hat sich somit, was auch die fehlende Fläche bei einigen Stellen ergiebt, um 2⅜ Hufen erweitert.

Die nächstälteste Erwähnung von Königshufen ist die von 1041 für Taucha bei Weissenfels. Kaiser Heinrich III. schenkt Marquard, dem Vasallen des Markgrafen Eckard von Meissen, 10 mansi regales nostrae proprietatis in Burgwardo Trebani in pago Zcudici in villa Tuchin cum 10 smurdis et illorum uxoribus filiisque suis et filiabus, immo cum omnibus suis possessionibus [1]). Tuchin wird schon 1004 als Tuchamuzi erwähnt [2]). Es war ein alter slawischer Ort, und die 10 Smurden, die darin genannt werden, sind slawische Hörige einer höheren Klasse, welche durch die deutsche Eroberung zwar unfrei geworden sind, aber nach Urkunden von 1181 und 1279 nicht als Leibeigene, sondern als zins- und spanndienstpflichtige Bauern betrachtet werden [3]). Taucha lag bis 1851 in regelmässigen Gewannen, in welche die gesammte Flur aufgetheilt war. Das Dominum hat im Beginn unseres Jahrhunderts einige dieser Gewanne durch Umtausch geräumt und an sich gezogen, dies hindert aber nicht, zu erkennen, dass die Gewanneinrichtung der ersten Zeit der deutschen Colonisation angehört. Reste der Feldlagen der alten Smurden sind nirgend geblieben, obwohl sich der Name Smurdenhufen bei den Hüfenern fortgepflanzt hat. Offenbar sind diese slawischen Bauern, wie sehr allgemein in Sachsen, in die neue Hufeneinrichtung mit aufgenommen worden. Die Flur umfasst 519,₆ Hektar. Davon aber fallen 35,₂ auf Gräben, Wege, Oedland und einige Angerstücke, welche, da der Ort bewohnt war, in die Fläche kaum eingerechnet wurden. Letzteren Falles umfasst jede der 10 Königshufen, als welche Taucha 1041 angeschlagen war, 48,₄ Hektar. Wird die Gesammtfläche zu Grunde gelegt, 51,₉ Hektar.

Die letzte zur Verfügung stehende Urkunde ist die über Görlitz von 1071, in welcher König Heinrich IV. dem Bisthum Meissen

---

[1]) Mader antiquitates Brunswic. 221; Lepsius, Gesch. der Bischöfe von Naumburg I, 205.
[2]) Schulte's Directorium I, S. 133.
[3]) Knothe, Die verschiedenen Klassen slawischer Höriger in den wettinischen Landen (Neues Archiv für sächsische Geschichte und Alterthum Bd. IV, Heft 1, 2).

8 mansos regales in pago Milsca, sitos autem in villa Goreliz, schenkt, welche mansos cum aliis quidam nomine Ozer in beneficium habuit, quibus culpis suis exigentibus destitutus est. Diese Hufen hat Meissen der Pfarrei Görlitz überwiesen, und diese hat sie am Anfang des 16. Jahrhunderts dem dortigen Magistrate gegen Rente überlassen. Daher ist ihre Lage genau bekannt, und ihre Grenzen sind um so bestimmter erhalten geblieben, als sie sich von einer alten Stadtgebietsgrenze aus bis an die Grenzen der benachbarten Fluren Ebersbach und Klingewalde erstrecken und bis auf die neueste Zeit, theils als ganze, theils als halbe Hufen im Einzelnen verpachtet gewesen sind. Neuerdings hat das städtische Bedürfniss die östliche Hälfte verdunkelt, weil sie als Kirchhöfe, Ziegeleien, Exercierplatz und zur Anlage einer Strasse verwendet worden ist. Gleichwohl besteht gegenwärtig noch längs der Ebersbacher Grenze die erste Hufe mit 48,4 Hektar, dann folgen parallel zu dieser 2 halbe Hufen von 24,1 und 24,5 Hektar, dann die dritte mit 48,0 Hektar, die vierte mit 47,6 Hektar und endlich noch eine halbe mit 24,2 Hektar. Für den benöthigten Rest von 168 Hektar ist in gleicher entsprechender Lage auf dem gedachten städtischen Gebiete noch völlig ausreichend Terrain vorhanden.

Fasst man diese **Messungsergebnisse** zusammen, so ist richtig, dass nur eines der Görlitzer Masse völlig mit dem der Bremer Marschen übereinstimmt. Die übrigen gehen meist etwas darüber hinaus, statt 47,7 Hektar ergiebt sich in Boos 49,93, im Hanckenbusch 49,5, in Effeltern 48,7, in Taucha 48,4 oder 51,0, in Görlitz neben 47,6, 48,4, 48,6, 48,0 und 48,4 Hektar. Es lässt sich indess wohl kaum verkennen, dass diese Zahlen das richtige Grundmass nicht unsicher machen, sondern im Gegentheil in **überraschender Weise bestätigen**. Die völlig gradlinige Ruthenmessung auf den durchaus ebenen und offenen Marschen kann mit ganzer Schärfe verfahren. Aber wo im coupirten Terrain die Messung auf- und absteigen muss, wo Bäume und andere Hindernisse entgegenstehen und die Richtung nicht dauernd inne gehalten werden kann, oder wo die Grenzen verschiedene Biegungen machen, und wie es in Görlitz und Effeltern völlig deutlich ist, die Streifenlagen dem Plane nach gebogen oder in sich selbst nicht völlig parallel gezogen werden sollen und können, wird die Aufgabe eine sehr viel schwierigere. Wenn aber bei dem mittelalterlichen Feldmessen, wie schon oben des Gottberaths gedacht ist, allgemeine Sitte war, in solchen Fällen durch reichlicheres Mass Hilfe zu suchen, war bei den mansi regales als königlichen Schenkungen ein Uebermass, wie das für die obigen Messungen nachgewiesene, ein sehr natürliches und erklärliches, welches auch für alle ähnlichen Rechnungen mit Königshufen in Anschlag zu bringen sein wird. Man wird deshalb mit Recht das Mass der Königshufe als ein zwischen 48 und 50 Hektar schwankendes annehmen dürfen, wobei indess niemals als ausgeschlossen zu denken ist, dass im speziellen Falle Nebenländereien in die Zumessung der Schenkung mit einbezogen sein können, welche deren Fläche mehr oder weniger erheblich vergrössert haben.

Grössere Genauigkeit als für die Gesammtfläche der Hufe ist für die Länge der Ruthe zu erwarten, mit welcher die Messung vorgenommen wurde.

Bezüglich der Erwähnungen des Masses in Ruthen ist vorweg zu beachten, dass virga oder Ruthe keineswegs immer als Längenmass gebraucht wird, in zweifelhaften Fällen die Vermuthung vielmehr für ein Flächenmass spricht. Wie auch schon bei dem Aripennis erwähnt ist, war sehr allgemein üblich, einen Morgen oder Acker 4 Ruthen breit anzunehmen. Er war dabei, je nach der üblichen Fläche von 120, 160, 180 oder 300 ☐Ruthen, 30, 40, 45 oder 75 Ruthen lang, und ein Viertelmorgen wurde auch lediglich als eine Ruthe Ackers bezeichnet, indem das Längenmass als bekannt galt. Die Flächengrösse hing von der örtlich üblichen Länge der Ruthe, oder dem im einzelnen Falle mehr oder weniger zutreffenden Morgenmass ab, lässt sich also ohne diese Grundlagen gar nicht bestimmen.

Diese Art der Bezeichnung ist anscheinend auch auf die Hufe übertragen. Bei bekannter Länge konnte ja auch hier durch die Breite in Ruthen sehr genau bezeichnet werden, ob die fragliche Fläche eine ganze oder gewisse Bruchtheile der Hufe umfasste. Dies setzte aber allerdings voraus, dass die Hufe in einem einzigen geschlossenen und parallelen Streifen zugemessen gedacht wurde. Die Königshufen in Bremen waren 720 Ruthen lang und 30 Ruthen breit angenommen. Eine Ruthe breit, oder überhaupt eine Ruthe, konnte also den 30. Theil der ganzen Hufe bedeuten.

Dies war aber eigenthümlicher Weise nicht üblich, sondern es ist nur eine Theilung der Hufe in 12 Ruthen bekannt. Diese Theilung in 12 Ruthen besteht bei den Waldhufen oder Hagenhufen ganz allgemein [1]). Da diese Hufen 30 bis 36 Hektar gross angelegt wurden, umfasst eine Ruthe 2,5 bis 3 Hektar Fläche. Es ist dies auch das gewöhnliche Mass des Bunnarius, und beide Massbestimmungen stehen anscheinend in näherem Zusammenhang [2]). Dieselbe Zwölftheilung kommt auch bei der flämischen Hufe vor und bestand ohne Rücksicht auf die Grösse der Hufen, da die flämischen Hufen schon im Laufe des 13. Jahrhunderts im Masse immer mehr herabsanken, so dass die culmische Hufe nur noch 16,8 Hektar betrug. Unter nicht näher genannten Umständen theilten sich diese, den 12. Theil der Hufe ausdrückenden Ruthen in je 16 ulnae [3]). Ob und unter welchen Verhältnissen auch die Königshufen in solche Flächenruthen zerfielen, ist urkundlich nicht bekannt, hat aber da, wo die Königshufen in der Form der Waldhufen ausgelegt wurden, eine gewisse Wahrscheinlichkeit für sich, und könnte im einzelnen Falle leicht zu Irrungen in der Berechnung führen.

---

[1]) Cod. dipl. Siles. IV, S. 77.
[2]) Darüber sind folgende Angaben zu vergleichen:
    824. Capitul. Ludovici pii: Ecclesiae constructae unus mansus 12 bunnariis de terra arabili ibi detur.
    Hincmar in Capitul. synod. c. 2: Si habeat mansum habentem bunnaria 12 (Hincmar von Rheims 845—82).
    880, Constitutio Caroli Crassi de feudis: mansionarius 5 solidos (200 den.), absarius 30 den., hunnarius 15 den., quorumlibet larium possessores 6 suppleant (also der bunnar ungefähr $^1/_{12}$ des mansus).
    Papias (1063): Mansus dicitur a manendo, quod integrum sit duodecim jugeribus (Du Cange).
    Baldricus: Mansum constitisse dicunt duodecim bunnariis (Du Cange).
    Mansus, agri portio quae 12 jugeribus terrae constitit (Dobner monumenta inedita IV, 220, Jus iglaviense).
    Quaelibet virga XVI ulnas obtinebit, um 1274 (Tschoppe u. Stenzel, Schles. Urkunden S. 389 cf. 175).
    Mansi franconici breit 12 virgae (zu 14$^1/_4$ Ellen), lang 270 virgae = 36 jugera. (Pertz, Archiv für Kunde deutscher Geschichtsquellen XI, 398. Späte Notiz aus dem 15. J100).
    Der Bunnar in Flandern berechnet sich in der Regel auf 3 oder 4 Hektar, indess kommen auch Grössenangaben von nur 1,1 Hektar vor.
[3]) Cod. dipl. Siles. IV, Einl. S. 95.

Das eigentliche Längenmass der Königshufe, die königliche Ruthe, die virga regalis, muss nun im Ausgange der Karolingerzeit ein in der weitesten Verbreitung bekanntes, sehr charakteristisches Mass gewesen sein.

Vergleicht man unter diesem Gesichtspunkte mit ihrem Mass von 4,70 Meter Länge die verschiedenen aus dem Mittelalter auf unsere Zeit gekommenen Ruthenmasse, so zeigt sich ein eigenthümlicher Gegensatz zwischen kurzen und langen Ruthen.

Die rheinländische Ruthe ist 3,77 Meter lang, und ihr stehen nahe: Holland 3,68, Kleve 3,77, Kurhessen 3,99, Hanau 3,57, Frankfurt 3,56, Homburg 3,65, Fulda 3,89 Meter. Noch kürzere Ruthen finden sich in Süddeutschland: Hessen 2,499, Baden 2,909, Württemberg 2,86, Bayern 2,92 Meter. Dagegen herrscht in Thüringen ein grösseres Mass: Meiningen 4,96, Gotha 4,03, Sachsen 4,99, Erfurt 3,97, Mühlhausen 3,93, Nordhausen 4,16, Halle 4,33 Meter. Alle diese Masse aber sind nur als kleine Ruthen aufzufassen, welche auch Landruthen, Feldruthen genannt werden, und als solche z. B. in Frankfurt und in Gotha im ausdrücklichen Gegensatz zu einer längeren Waldruthe stehen.

Die längeren Ruthenmasse gruppiren sich folgendermassen: Trier 4,70, Aachen 4,51, Köln 4,60, Ostfriesland 4,71, Bremen 4,63, Hamburg 4,59, Schleswig 4,66, Hannover 4,07, Kalenberg 4,67, Schaumburg 4,64, Lippe 4,63, Hildesheim 4,48, Braunschweig 4,57, Schwarzburg 4,52, Weimar 4,61, Heiligenstadt 4,71, Gotha 4,60, Frankfurt 4,51, Nassau 4,97 Meter. Die verschiedenen ebenfalls sehr langen Ruthen der einzelnen Elbmarschen dürfen hier nicht angereiht werden, weil die Besiedelung dieser Marschen erst dem 12. und 13. Jahrhundert angehört.

Wenn man in Betracht zieht, welche Wandlungen alle diese Masse bei ihrer allmählichen Feststellung durch Gewohnheit und landesherrliche Anordnungen seit dem frühen Mittelalter bis auf unsere Zeit durchgemacht haben, lässt sich immerhin daran denken, dass in diesem längeren Ruthenmasse ein gewisser Einfluss der allgemeinen Verbreitung der virga regalis von 4,7 Meter erhalten geblieben ist. Beweisfähig könnte diese Beziehung indess nur durch nähere historische Feststellungen über das Auftreten der einzelnen Masse werden, eine Aufgabe, die erst bei glücklichem Zusammentreffen urkundlicher Angaben mit sicher erhaltenen örtlichen Abgrenzungen gelingen kann.

Was den mansus regalis, die königliche Hufe, betrifft, so ist bemerkenswerth, dass trotz der oben für einzelne Fälle nachgewiesenen Erhaltung ihrer Anlagen bis auf die neueste Zeit, nur ein einziges landschaftlich verbreitetes Hufenmass sich findet, welches mit ihrer Grösse von 47,7 Hektar hinreichend übereinstimmt, um mit ihr verglichen werden zu können. Dieses Mass ist die Kalenbergische Hufe von 180 Kalenberger Morgen zu 26,193 Ar, also zusammen 47,147 Hektar. Diese Kalenberger Hufe beherrscht durch das Kalenberger Morgenmass die gesammten Braunschweig-Lüneburgischen Gebiete, sie selbst aber ist schon früh ausser Anwendung gekommen, sie war offenbar zu gross und zu häufig zerstückelt. In den Landesregistern erscheint schon im 13. Jahrhundert eine gemessene Hufe von 30 Kalenbergischen Morgen. Ihr Ursprung gründet sich nicht auf eine landesherrliche Verordnung, sondern, soweit sich ermitteln lässt, nur auf die amtliche Gewohnheit, für alle öffentlichen Leistungen die Kalenbergische Hufe mit 12 Pferden Gespann als einen Vollhof, Höfe mit 6 oder 8 Pferden als Halbhöfe, den Anspänner mit 2 Pferden aber als Hüfner anzusetzen und entsprechend bei Massangaben die Hufe mit 30 Kalenbergischen Morgen zu je 120 □Ruthen in Rechnung zu stellen. Dazu kommt, dass die Zusammensetzung der Hufe aus 180 Morgen ganz einzeln steht und sehr auffallend ist, und dass neben der Kalenbergischen Hufe in allen Landestheilen die örtlichen Hufen für Wirthschaft und gutsherrliche Lasten fortbestanden. Erwägt man also, dass die meisten der urkundlich erhaltenen Schenkungen in Königshufen von den sächsischen Kaisern oder den überwiegend in Goslar, Grohnde oder anderen sächsischen Orten residirenden fränkischen Kaisern ausgingen, und dass Sachsen allen aus älterer Kultur herrührenden festen Massen am fernsten lag, so wird man den Zusammenhang der Kalenbergischen Hufe mit dem mansus regalis nicht unwahrscheinlich erachten.